Heinrich Gelzer

Bunsen als Staatsmann und Schriftsteller

Eine Gedächtnissrede; gehalten am 3. Januar 1861

Heinrich Gelzer

Bunsen als Staatsmann und Schriftsteller
Eine Gedächtnissrede; gehalten am 3. Januar 1861

ISBN/EAN: 9783743458499

Hergestellt in Europa, USA, Kanada, Australien, Japan

Cover: Foto ©Thomas Meinert / pixelio.de

Manufactured and distributed by brebook publishing software
(www.brebook.com)

Heinrich Gelzer

Bunsen als Staatsmann und Schriftsteller

Bunsen

als Staatsmann und Schriftsteller.

Eine Gedächtnissrede,

gehalten am 3. Januar 1861

von

Dr. Heinrich Gelze

Professor der Universität Berlin,

Abdruck aus den Protestantischen Monatsblättern für innere Zeitgeschichte.

Vorwort.

Es war zu Weihnachten 1839, als ich in Bern den Mann, dem diese Blätter gewidmet sind, im Kreise seiner Familie kennen und lieben lernte, nachdem ein brieflicher Verkehr schon ein Jahr früher angeknüpft worden. Nie werde ich jene ersten Stunden unserer Bekanntschaft vergessen, nie die herzgewinnende Offenheit und das schöne Vertrauen, womit er dem fast um ein Vierteljahrhundert jüngeren Privatdocenten der Geschichte entgegen kam. Das in Bern gegründete persönliche Verhältniß hat in allen nachherigen Wechseln unserer Lebensstellungen, in den Erschütterungen der Weltverhältnisse wie in den Umgestaltungen der Parteibildungen fortgedauert. In London, Berlin, Heidelberg und Basel, wo wir in den letzten zwanzig Jahren nach längeren oder kürzeren Pausen immer wieder auf Monate, auf Wochen oder auf Tage uns sahen, trat jedes Mal — mochte inzwischen noch so Vieles sich geändert haben — der alte Grundton unseres Verkehrs ungeschwächt wieder hervor, im rückhaltlosen Austausche über das inzwischen Erlebte und Erkannte.

Von dem ersten Tage unseres persönlichen Umgangs bis auf den letzten (im Mai 1859) machte sich neben inniger Uebereinstimmung in großen Lebensfragen auch vielfache Abweichung in der Beurtheilung der Menschen und Verhältnisse, in der praktischen Anfassung politischer und religiöser Conflicte zwischen uns geltend. Das wußte er, und da er jede aufrichtige Ueberzeugung, jede selbständige Gesinnung ehrte, so konnten solche Differenzen nie eine dauernde Entfremdung zur Folge haben, wenn sie auch zuweilen in starkem Ausdrucke zur Sprache kamen. Denn auch das gehörte zu dem Großen und Edeln in seinem Wesen, daß er überall auf den innersten Kern der Gesinnung sah, und daß selbst ein tiefgehender offener Widerspruch des Freundes ihn wohl für einen Augenblick lebhaft erregen, nie aber in Liebe und Vertrauen erkälten konnte. Indem ich diese Worte niederschreibe, steht so manches vertrauliche Gespräch lebendig vor meiner Seele, worin er, zu London und Heidelberg, mit ergreifendem Ernste mich aufforderte, mich ganz rückhaltlos auszusprechen über Alles, was er mir als Frage, als Bericht oder als Entwurf vorlege. „Lassen Sie nur Ihr Gewissen sprechen; ich bitte Sie darum!" — sagte er mir mehr als einmal, wenn wir im St. James Park oder in seinem Garten am Neckar auf und ab gingen.

Im Hinblicke auf dies mehr als zwanzigjährige nahe Verhältniß galt es mir, sobald die Trauerkunde seines Hinscheidens mich erreichte, als eine Pflicht der Pietät, ein öffentliches Wort seinem Andenken zu widmen, ihn so zu schildern, wie ich ihn gekannt hatte, wie er mir erschienen war. Die Sprache des Freundes wollte und durfte ich dabei nicht verleugnen, aber ebenso wenig die Sprache ungeschminkter Wahrhaftigkeit; diese allein ehrt den edeln Entschlafenen, während man von der ermüdenden Monotonie schmeichlerischer oder blinder Lobpreisungen unwillig das Ohr wegwendet. Eine Gedächtnißrede als Freund und Historiker, nicht eine Lobrede als Anbeter und Sophist wollte ich halten, als ich mich im Geiste an sein stilles Grab auf dem Bonner Friedhofe versetzte. Auch jetzt wieder war mir, als hörte ich ihn mir zurufen: „Lassen Sie nur Ihr Gewissen sprechen!" — In dieser Stimmung hielt ich am 3. Januar meine Rede, die ich nun mit Erweiterungen und Ergänzungen dem Drucke übergebe.

Sie war zunächst für die von mir herausgegebene Zeitschrift*) bestimmt, in deren Januarheft sie jetzt eben mitgetheilt wird. Doch erscheint auch gleichzeitig dieser besondere Abdruck, um der Wichtigkeit des Mannes und der Sache willen; denn sonst wäre für viele Freunde Bunsen's, die jene Zeitschrift nicht selbst besitzen, diese Gedächtnißrede unzugänglich geblieben.

Wohl fühle ich sehr lebhaft, wie ungenügend vorliegende Rede dem erscheinen muß, der ein vollständiges Lebensbild, einen befriedigenden Aufschluß über alle Phasen der Laufbahn des berühmten Todten verlangt. Kein Verständiger wird dies in den wenigen Blättern meines Nachrufs erwarten. Dazu wäre eine Arbeit von Jahren erforderlich, die ein wichtiger Beitrag für die innere und äußere Geschichte Deutschlands während der drei oder vier letzten Decennien werden könnte.

Ueber Bunsen läßt sich überhaupt etwas Gründliches nur vorbringen, wenn man den schwersten Lebensfragen der deutschen Cultur und der deut-

---

*) „Protestantische Monatsblätter für innere Zeitgeschichte. Studien der Gegenwart für die evangelischen Länder deutscher Zunge. Unter Mitwirkung deutscher Historiker, Theologen, Juristen und Pädagogen." — Gotha, Justus Perthes. — Januarheft 1861. Band XVII.

schen Nation mit reifer Sachkenntniß und lebendiger Erfahrung in's Auge zu schauen vermag. Wie wahr das ist, habe ich fast bei jeder Linie dieses Nachrufes empfunden, den ich mit einem Ernste niederschrieb, als gälte es, die innerste Gesinnung darzulegen über große ungelöste Aufgaben der Gegenwart.

Basel, den 28. Januar 1861.

Am Tage Karl's des Großen.

In dem nun abgelaufenen Jahrzehnt hat Deutschland eine Reihe seiner berühmtesten Namen, unter ihnen einige seiner edelsten Söhne, verloren. Voran ging (1850) August Neander, der Kirchenhistoriker, nachdem sein großer Freund und Lehrer, Friedrich Schleiermacher, schon sechzehn Jahre früher (1834) dahingeschieden. Neander, eine der seltensten Erschei= nungen aller Zeiten, von der Geistesart jener hervorragenden Kirchenlehrer des Mittelalters, zu deren Füßen die lernbegierige Jugend zu Hunderten von fern und nahe zusammenströmte. Bald folgte ihm sein Freund Lücke in Göttingen, der Ausleger des Johannes, mit dem freien Blicke des geschichtlichen Forschers die Innigkeit einer johanneischen Seele verbindend, hierin seinem Freunde Umbreit in Heidelberg, dem Erklärer des Alten Testaments in Herder's Geiste, tief verwandt, doch erst am Ende des Decenniums (Umbreit starb den 26. April 1860) wieder mit ihm, dem Schwergeprüften, im Tode vereinigt.

Wenige Jahre später als Neander (1854) wurde am Fuße der Alpen, wo er Heilung suchte, plötzlich Schelling dahingerafft, der geniale Feuergeist, den man vielleicht mit ebenso viel Recht den erhabensten Dich= tern als den kühnsten Denkern der Neuzeit beizählt. Unter den hin= geschiedenen Staatsmännern erinnere ich zuerst an Radowitz, der nach langer Zurückhaltung und innerer Umwandlung erst vom Jahre 1848 an ein öffentlicher Charakter wurde; nur um wenige Jahre (bis Weihnachten 1853) hat er die Katastrophe überlebt, die (im November 1850) seine öffentliche Wirksamkeit geendet hatte. Bald nachher (16. Jan. 1856) schied auch Eichhorn von der Erde, der preußische Staatsmann aus Stein's Schule und in Stein's Geist. Ein Vierteljahrhundert hin= durch hatte er (1815—1840) unter dem schweren Drucke der Restau= rations=Atmosphäre (nach 1819), stets bedrängt durch die Anfeindungen

1

der Metternich'schen Politik, doch unentmuthigt für die gerechten Hoffnungen Deutschlands fortgekämpft, bis das Vertrauen seines Fürsten ihn zum Amte des Cultusministers erhob — ein Amt, dessen Opfer er in der chaotischen Gährung der vierziger Jahre geworden*). In kurzer Frist folgte er seinem befreundeten Kampfgenossen, dem Minister von Bodelschwingh, aus des alten Vincke kernhafter, lebenskräftiger Schule preußischer Staatsmänner.

Ganz besonders verhängnißvoll ist aber in den beiden letzten Jahren des vorigen Decenniums der Tod durch die Reihen unserer geschichtlichen Namen geschritten. Im Frühling 1859 (11. Juni) trug man zu Wien den Mann zu Grabe, der mehr als ein Menschenalter hindurch der österreichischen Politik seinen Namen gegeben. Ehe er starb, hatte er noch das Hereinbrechen jener sogenannten politischen „Sündfluth" mit ansehen müssen, die er wohl vorausgesagt, aber nicht mehr zu erleben ge wünscht. Fürst Metternich sah die Fluth und erlebte noch ihre vor läufige Eindämmung; er sah sogar noch die Staatslenker des „neuen Oesterreichs", seine Nachfolger, die Schwarzenberg und Stadion (1852), in die Grube sinken, von der Last ihrer ungeheuern Aufgabe zermalmt. Ja, auch über seinen alten fürstlichen Gegner, den Erzherzog Johann, einst Reichsverweser Deutschlands, in den Stunden schwer getäuschter nationaler Hoffnungen, auch über ihn sah er noch das Grab sich schließen (11. Mai 1859). Dann erst schloß auch e r die klugen, jetzt tobesmatten Augen, in dem Momente, als eben wieder eine neue furchtbare Krise für sein Land eintrat**).

Wenige Wochen vor Metternich's Tode begleitete ganz Berlin den Sarg des Mannes, den Preußen und ganz Deutschland lange Zeit mit

---

*) Noch immer gilt es mir als eine zu erfüllende Pflicht, meine Erinnerungen an diesen Staatsmann, einem alten Versprechen getreu, niederzuschreiben. Noch zwei Jahre vor seinem Ende (October 1853) vertraute er mir in einer langen Reihe von Unterredungen, deren Wesentliches ich vor seinen Augen niederschrieb, gleichsam sein geistiges Testament an. Er gab mir, oft von Husten unterbrochen, den Ueberblick seines Lebens und erörterte die Gesichtspunkte, die ihn als Rath im auswärtigen Ministerium (bis 1840) und später als Cultus- und Unterrichtsminister geleitet hatten. — Es dürfte jetzt die Zeit gekommen sein, wo man über seine großen Eigenschaften wie über seine Mängel gerechter urtheilen wird als früher.

**) Als ich im Mai 1846 während eines geschäftlichen Aufenthaltes in Wien dem Fürsten Metternich vorgestellt wurde, erging er sich in einer merkwürdigen Be leuchtung der Jesuitenfrage. Diese Aeußerungen des österreichischen Staats manns würden in der jetzigen Krise der kirchlichen und bürgerlichen Verhält nisse Oesterreichs ein nicht gewöhnliches Interesse in Anspruch nehmen. Sie wurden unmittelbar nach der Unterredung von mir niedergeschrieben.

Stolz unter seine ersten Geister zählte; Alexander von Humboldt
hatte am Morgen des 5. Mai eine Welt verlassen, deren lichte Schönheit
und weise Ordnung (Kosmos) er in seinem letzten Werke bewundernd ge=
schildert. So war, nachdem der ältere, geistig noch größere Bruder, Wilhelm,
schon fast ein Vierteljahrhundert früher geschieden, Deutschland nun um
ein seltenes Brüderpaar ärmer. — Einige Monate gingen vorüber, und
wieder sah Berlin einen seiner würdigsten Lehrer die lange arbeitsvolle
Laufbahn beenden (28. Sept. 1859): Ritter, den Geographen, der die
Erdkunde durch geniale Verbindung mit Geschichts= und Naturforschung zu
einer neuen Wissenschaft gestaltete*). Den Schauplatz der Menschen=
geschichte, die Erde, hat er mit riesenhaftem Fleiße und religiösem Tiefsinn
als die Wiege einer unermeßlichen Zukunft unseres Ge=
schlechtes geschildert, während Humboldt die Arbeit seines Lebens daran
setzte, den Schauplatz einer noch größeren Geschichte, das Weltall, in
seinen Schöpfungsgesetzen zu erforschen, dem Künstler ähnlich), der dem
Bau eines wunderbar ergreifenden Tempels nachsinnt, ohne es zu wagen,
den Namen des Unsichtbaren auszusprechen, dessen Gegenwart im Innern
des Tempels er in Stunden der Weihe schweigend ahnt**). In demselben
Monat wie Ritter wurde Dr. Jonas (19. Sept.) in Berlin plötzlich von
seinem Kampfplatze weggerufen, Schleiermacher's treuer Schüler und der
gesinnungsverwandte Schwager des preußischen Ministers Schwerin —
ein Mann von bescheidenem Wirkungskreise, im Parteikampfe hier hart
verkannt, dort hoch gefeiert, im Grunde seines Wesens aber von reiner

---

*) Von Herzen stimme ich, in dankbarer Erinnerung an die wohlwollende Freund=
schaft des hingeschiedenen berühmten Collegen, den Worten des Nachrufs bei, den
Professor Ernst Curtius ihm gewidmet: „Ritter's Ideen sind schon ein Gemeingut
„geworden. ... Deshalb hat er den gerechtesten Anspruch darauf, im dankbaren
„Andenken unseres Volkes fortzuleben, und was noch mehr als sein unermüdlicher
„Fleiß, seine umfassende Gelehrsamkeit und seine sinnige Betrachtung der Natur und
„Menschengeschichte unsere Verehrung erweckt, das ist die uneigennützige und hingebende
„Liebe zur Wissenschaft, welche sein ganzes Leben erfüllte, die anspruchslose Bescheiden=
„heit und Demuth seines Sinnes, die Klarheit und Harmonie seines Geistes, die auf=
„richtige Frömmigkeit, welche sein ganzes Wesen erwärmte, kurz, die ethische Würde ist
„es, welche ihn zum Muster eines deutschen Gelehrten macht." — (In den Göttin=
gischen gelehrten Anzeigen vom 8. November 1860, am Schlusse einer Besprechung
des 18. und 19. Theiles der Ritter'schen Erdkunde.)
**) Diese Worte stehen hier mit Vorbedacht. Als ich im Februar 1857 Humboldt
zum letzten Male sprach, ging er von sich aus auf die religiöse Frage ein. Was er
damals gegen mich aussprach, das berechtigt mich zu dem oben von mir gewählten
Ausdruck.

Gesinnung und von so muthvoller Charaktertreue, daß er inmitten der Niederträchtigkeit so vieler gesinnungsloser Creaturen, die unsere Gegenwart verpesten, in der preußischen Hauptstadt doch wie eine Leuchte dastand und zu einer sittlichen Macht wurde. — Einen Monat vor ihm (6. August 1859) war ein Mann hingeschieden, der zu Dr. Jonas im entschiedensten Gegensatze des Parteistandpunktes sich befand, der aber durch ursprünglich redliches Wollen ihm innerlich vielleicht verwandter war, als beide wußten: der vorige Cultusminister von Raumer, dessen Mißgeschick wohl vorzüglich in der falschen Stellung zu suchen ist, die seine Partei ihm gegen seine wahre Bestimmung aufgezwungen.

Noch ehe das Jahr (1859) zu Ende ging, sollte auch das Brüder-paar der Jakob und Wilhelm Grimm, nachdem sie so lange in Leid und Freud', in Arbeit und Ruhm für die Wiedergeburt der germanischen Studien und für die Ehre ihres Vaterlandes vereint gewirkt — durch Wilhelm's Tod (16. December) getrennt werden. Zum ersten Male mußte Deutschland ihre Namen trennen lernen, als Jakob Grimm nun allein-zurückblieb im stillen Arbeitszimmer der Linkstraße, wo der Bruder bisher an seiner Seite gearbeitet, treu verbunden in Berlin, in Göttingen und in der ehrenvollen Verbannung.

Ein Jahr nach Humboldt's und Ritter's Tode sah München zwei seiner berühmtesten Lehrer scheiden: den Hellenisten Thiersch (25. Febr. 1860) und den Naturforscher Schubert (1. Juli). Ohne den Geist und das Wissen ersten Ranges, wie sie einem Humboldt und Ritter zu Theil ge-worden, besaß Schubert jene unwiderstehlich anziehenden Eigenschaften einer reinen Kindesseele, in der sich die lauterste Gottes- und Menschen-liebe spiegelte*). War ihm vielleicht die schaffende Manneskraft des Geistes versagt, die den letzten und höchsten Fragen selbständig näher tritt, so ver-stand er es dagegen nach Art fein organisirter weiblicher Naturen in aus-gezeichneter Weise, die Gedanken seiner Meister zu verarbeiten und sie dem allgemeinen Verständnisse namentlich von der religiösen Seite zugänglich zu machen. Wer ihm je im Leben näher kam, der begriff, warum ein deutscher

---

*) In den Jahren 1843 und 1848 war mir die Freude des persönlichen Umgangs mit dem liebenswürdigen Greise zu Theil geworden. Fast vom ersten Augenblicke der Begegnung an wußte er einen Ton des innigsten Vertrauens anzuschlagen, so daß man glauben konnte, man sei schon seit Jahren mit ihm befreundet. Das entsprach seinem innersten Wesen und deutet auf eine reiche Liebesfülle seines Gemüthes hin. — Hierin bekundete sich seine Herzensverwandtschaft mit Neander und Stef-fens, seinen beiden ihm vorangegangenen Berliner Freunden.

Dichter ihm nachrühmen konnte, in ihm zum ersten Male habe er einen wahrhaft Frommen von unverfälschter Farbe erblickt*), oder warum die edle deutsche Fürstin, die mit dem einen Fuße schon auf dem Throne Frankreichs gestanden, ihr Leben lang, im glänzenden Paris wie im stillen Eisenach, das Bild des Lehrers leuchtend in der Seele trug**), den sie doch seit den Kinderjahren nie mehr gesehen. Um zwei Jahre früher (den 18. Mai 1858) war sie ihm in die ewige Heimath vorangegangen.

Von ähnlicher Schönheit einer kindlich reinen Seele wie Schubert, sonst aber durch Schicksal und Streben einer ganz anderen Sphäre an= gehörig, war Heinrich von Wessenberg, der Bisthumsverweser von Constanz, der in demselben Sommer mit Schubert (9. August 1860) aus dem Leben schied. Wessenberg's Name wird nicht untergehen, so lange in Deutschland die Hoffnung nicht untergeht auf bessere Tage, wo die reine Sache der Religion nicht mehr durch unheilige Priesterhände zur Zer= reißung der Nation gemißbraucht werden darf***).

Einen Mann von ganz anderem Gepräge als Schubert und Wes= senberg sah in den letzten Tagen des vorigen Jahres (2. Dec.) die Universität Tübingen aus ihrer Mitte scheiden: Dr. Fr. Chr. Baur,

---

*) Platen, im romantischen Oedipus (1828), Act IV:
„Haß du denn auf deinen Reisen nichts als Heuchlervolk erblickt,
„Keinen, welcher gegen Himmel wirkliche Gebete schickt?" —
„Einen wahren Frommen sah ich, den das Erzgebirg' gebar,
„Der, was jene tölpisch äffen, wirklich in der Seele war."
**) In dem tief empfundenen Briefe vom 15. Januar 1853 schrieb ihm die Herzogin Helene von Orléans: „Sie haben die Gabe, alle edelsten Saiten meiner „Seele auf eine wunderbare Weise zu bewegen, und so war mir auch Ihr theurer „Brief nicht allein eine Stimme aus der Vorzeit, wo doch die Träume noch golden „waren und die Hoffnungen voll Kraft, sondern auch aus der ewigen Zukunft, wo „die Träume zur Wahrheit werden und die Hoffnungen, welche hier abgestorben, von „Neuem erblühen. . . . Daß wir der sichtbaren Vereinigung nicht bedürfen, um „in Verbindung des Gemüthes zu bleiben, ist ja gewiß, und so konnte es auch ge= „schehen, daß ich Sie, theurer Professor, seit meinem vierten Jahre „nicht gesehen und doch stets mit inniger Verehrung an Ihnen hänge." — Vgl. Erinnerungen aus dem Leben der Herzogin Helene von Orléans von H. v. Schubert. München 1859, S. 222 ff.
***) Noch erinnere ich mich mit Freuden eines Gespächs mit dem ehrwürdigen Wessenberg in Constanz (10. Mai 1843). Schon damals sagte er mit prophetischem Geiste Vieles voraus, was seitdem gekommen ist: die Verwirrungen in Kirche und Staat in Folge der ultramontanen Agitation. Wahrhaft bewundernswerth nach den schweren unverdienten Kränkungen, die pfäffische Intriguen ihm zugefügt, war die arglose Heiterkeit seines Wesens und die Innigkeit seines religiösen Gefühls trotz allen fana= tischen Verketzerungen.

das berühmte Haupt der sogenannten Tübinger Schule. Wie auch künftig das Endurtheil über das Haltbare und Unhaltbare in seinen theologischen und historischen Forschungen ausfallen möge, so viel darf schon jetzt ausgesprochen werden: er war noch einer der wenigen Gelehrten großen Styls, deren Zahl mit jedem Jahre kleiner wird. Aber auf derselben Höhe wie sein großartiges Wissen und sein seltener Scharfsinn stand auch die an's Unbegreifliche grenzende Einseitigkeit der Weltauffassung, für welche eine ganze große Hälfte der menschlichen Natur und des wirklichen Lebens ein verschlossenes Buch war. Der Intellectualismus, die Welt des Denkens und Wissens, war für ihn die einzig vorhandene Welt, ein Gesichtskreis von unermeßlicher Weite und Freiheit nach der einen Seite hin, nach der andern aber völlig beschränkt und abgeschlossen: die ethische Welt des Handelns und Leidens blieb ihm, sowie Vielen aus seiner Schule, in ihren tiefsten Bedürfnissen und Beweggründen allem Anscheine nach unverständlich*).

---

*) Als ich bei einem Besuche in Tübingen im Juni 1855 den berühmten Gelehrten persönlich kennen lernte, begriff ich, warum er oft gerade auf die Talentvollsten unter seinen Zuhörern einen entscheidenden Einfluß ausgeübt hatte. Wie sein Wissen, so hatte seine ganze persönliche Haltung etwas Imponirendes, geistig Adeliges, worauf mich dortige Freunde, wie Dr. Reuchlin, Professor Helferich u. A., zum voraus aufmerksam gemacht. So kam er auch dem Andersdenkenden in den würdigsten Formen und mit achtungswerther Offenheit entgegen. Damals richtete er die schwersten Anklagen gegen das zur Herrschaft gekommene Ausschließungssystem in Kirche und Schule, wobei die Freiheit der Forschung und alles geistigen Lebens zuletzt untergehen müßte. Hier gestand ich ihm bereitwillig zu (denn es war meine nie erschütterte Ueberzeugung), daß aller Zwang, aller Ausschließungsgeist auf religiösem und wissenschaftlichem Gebiete vom Uebel sei und nie der Wahrheit wahrhaft diene. Nur erinnerte ich daran, daß, wie jetzt der kirchliche Confessionalismus, so früher der speculative und rationalistische Intellectualismus sich zuweilen einer ebenso herben Intoleranz schuldig machte, weil jede Richtung, sobald sie zur Macht gelange, nur zu sehr geneigt sei zu unterdrücken und wie ein Vorwärände dafür in Verlegenheit komme. — War hierin ein Verständniß zwischen uns nicht schwer, so gelang es dagegen nicht über einen andern wichtigen Punkt. — Ich machte den für mich längst feststehenden Gedanken geltend, daß eine Hauptquelle unserer vieljährigen geistigen und geistlichen Leiden und Zerwürfnisse in der Verwirrung der wahren Grenzen zwischen Kirche und Schule, zwischen Leben und Denken zu suchen sei. Dieser folgenreiche Grenzkrieg müsse geschlichtet werden, nicht im Sinn einer unterdrückenden Reaction, sondern im Geiste einer durchgreifenden hochsinnigen Reorganisation, die ebenso sehr die geistige Freiheit der Schule, wie das thatkräftige Leben der Kirche zu ihrer Aufgabe machen würde. — Dr. Baur erklärte seinen entschiedenen Unglauben an die Möglichkeit einer solchen Reorganisation; unser gesammtes heutiges Kirchenwesen sei hierzu gänzlich unfähig, es laste wie ein Alp auf unserer freien Culturentwickelung.

Dort aber, wo der Rhein aus dem Felsenthale, das ihn lange ein=
geengt, heraustritt, den Fuß des Siebengebirges benetzend, in der rheinischen
Musenstadt, wo vor vierzig Jahren die Krone Preußen eine Pflanzstätte
deutscher Wissenschaft und Bildung für die neugewonnenen schönen Lande
gründete: in Bonn ziehen nun drei Gräber unsern trauernden Blick auf
sich, in denen voriges Jahr drei Freunde zur letzten Ruhe gebettet wurden,
jeder nach einem kampf= und thatenreichen Leben, jeder mit ewigen Hoff=
nungen entschlummert, jeder des liebenden Andenkens seiner Nation und
seines Jahrhunderts werth: Arndt, Dahlmann und Bunsen.

Ernst Moritz Arndt's (entschlafen am 29. Januar 1860) theurer
Name ist mit den besten Erinnerungen dieses Jahrhunderts, mit der
Geschichte der Befreiungskriege und der Wiedergeburt Deutschlands, unzer=
trennlich verbunden. Wie Homer und Achilles werden Arndt und Stein,
der deutsche Sänger und der deutsche heroische Staatsmann, in guten und
bösen Tagen der Zukunft in allen deutschen Herzen vereinigt bleiben. —
Auch Dahlmann (gestorben den 5. December 1860), der ernste, charakter=
volle Historiker und Staatsmann, gehört hier in ihre Nähe, wie er ihnen
im Leben nahe gestanden. Einst in Göttingen von der Höhe der einfluß=
reichsten Stellung jäh hinuntergestürzt (1837), weil er für das beschworene
Recht gegen despotische Willkür mit treuem Gewissen einstand, mit den
Gesinnungsgenossen flüchtig wie ein Gebannter — fand er endlich in Preußen,
zu Bonn, wieder den verdienten Wirkungskreis als Lehrer, bis ihn das Jahr
1848 zum Handeln rief. Es war wie ein schöner Traum des süßesten
Jugendglückes, als in den ersten sonnigen Frühlingstagen von 1848 —
ehe die deutsche Erhebung in Preußen noch irgendwo durch unreine Elemente
befleckt war — in Bonn die Freudenkunde von den Erklärungen des
Königs eintraf (am Morgen des 18. März, vor der Barrikadennacht)
und nun die freudig erregte akademische Jugend den beiden Vorkämpfern
des neuen Deutschlands, Arndt und Dahlmann, ihre Huldigung dar=
brachte, und die beiden schwergeprüften Männer tiefbewegt sich in den
Armen lagen*). Sie stritten und litten dann zusammen in Frankfurt, so

---

*) Wenige Tage nachher besuchte ich Arndt in Bonn und schilderte ihm nach
eigener Anschauung die Schrecken der Berliner Barrikadennacht vom 18. März. Als
wir einige Augenblicke im Gespräche bei der Möglichkeit verweilten, daß eine anar=
chische Katastrophe für ganz Deutschland bevorstehen könnte, unterbrach er sich plötzlich
in seiner kräftigen getrosten Weise: „Nein", rief er, „der liebe Gott wird seine
„Deutschen nicht ganz verlassen! Er wird es nicht zugeben, daß sie

lange eine Aussicht blieb für die Durchfechtung ihrer vaterländischen Ueber=
zeugungen, auf dem Wege des Gesetzes. Dann, nach dem einmaligen Unter=
gange ihrer Hoffnungen, kämpften sie im alten Wirkungskreise fort für
künftige Siege, und nun ruhen sie auf demselben Friedhofe.

Dort ruht nun auch seit dem 1. December 1860 Bunsen, nach
einem vielbewegten, reichen Leben. Die Umrisse dieses Lebens in ihren
Hauptzügen uns zu vergegenwärtigen und das Bedeutende in seinem Wirken
und Streben hervorzuheben, gilt uns als Aufgabe dieser Darstellung. Es
war kein Abweg von diesem Ziele, wenn einleitend auf die berühmten Hin=
geschiedenen des vorigen Jahrzehnts hingewiesen wurde: fast mit ihnen allen
stand Bunsen in naher Berührung als Freund oder Gegner. Wir sind dadurch
auf den weiten Umfang seines Gesichts= und Wirkungskreises schon vorbereitet.

Suchen wir die zusammenfassenden Gesichtspunkte für sein vielseitiges
Wirken, sein mannichfaltiges Arbeiten — so stehen wir nach längerem
Nachsinnen vor den Grundfragen, an deren Lösung unser Jahrhundert in
seinen besten und erleuchtetsten Vertretern, wie in den unbewußten Instincten
der Massen arbeitet. Wie heißen diese Grundfragen? In ihrer Spitze ließen
sie sich durch drei Worte ausdrücken: Rom, Bibel, Mittel=Europa.
Alle drei Worte sind die Losungen für mächtige Parteien in verschiedenen
Heerlagern geworden; von dem Ausgange dieser Kämpfe hängt zum großen
Theile das geistige und politische Schicksal des gebildeten Europa ab. —
Erklären wir uns näher!

„Rom", das heißt römisches Papstthum und Priesterthum, die Spitze
des hierarchischen Systems, der theoretische Mittelpunkt der katholischen Welt:
wie verträgt sich diese Institution des Mittelalters, dieser, von ferne
betrachtet, imposante Priesterstaat, ein Erzeugniß des romanischen Herr=
scherinstinctes und der religiösen Volksphantasie — wie verträgt sich dieses
Rom mit der politischen, religiösen, denkenden Welt der Neuzeit? wie
mit dem protestantischen oder mit dem paritätischen Staate, mit der
Gewissensfreiheit, mit dem forschenden Gedanken des neunzehnten Jahr=
hunderts? Hiermit stehen wir vor einem Problem, dessen Untiefen und

---

„des Teufels werden! Daran wollen wir festhalten, und in dem Vertrauen
„laßt uns reden und handeln!" — „Die Worte waren mit einem kräftigen vertrau=
lichen Schlage auf meine Schulter verbunden; sie blieben mir unvergeßlich, und oft
seitdem habe ich sie mir in's Gedächtniß zurückgerufen, wenn ich in trüben Tagen die
Entmuthigung überall in Deutschland zunehmen sah.

Klippen die optimistische Oberflächlichkeit vor vierzig Jahren nicht ahnte, während seit dreißig Jahren die Ruhe ganzer Länder, die Sicherheit ganzer Staaten, das Glück unzähliger Familien dadurch erschüttert werden. — In Belgien, Frankreich, Spanien, Italien, Preußen, der Schweiz, England, Oesterreich — in allen diesen Staaten sehen wir seit einigen Decennien von Zeit zu Zeit die römische Frage unter irgend einem neuen Namen auftauchen, das Volk in seinen Eingeweiden aufregen; eine Aufregung, die man dann in der Regel mit vorübergehenden Aushülfsmitteln zu beschwich= tigen suchte, ohne daß eine entscheidende Hülfe gefunden wäre. Selbst hochgestellte, weitsehende Staatsmänner haben im Unmuthe darüber die Lösung der römisch=katholischen Frage für den Staat mit der Quadratur des Cirkels verglichen.

Unser zweites Wort hieß „Bibel"; wie Rom für die katho= lische Welt, so ist die Bibel für die protestantische Welt der Ausgangspunkt der folgenreichsten Fragen. Denke man dabei nur nicht bloß an die engen Grenzen der theologischen Schule; nein, unsere gesammte protestantische Cultur, die ganze neuere Bildung, unsere höchsten sittlichen, socialen und religiösen Interessen sind auf das lebhafteste bei diesen Fragen betheiligt. Um richtige Auslegung und praktische Anwendung der Bibel streiten die großen Kirchenparteien und die unzähligen Secten, welche äußer= lich die Christenheit trennen. Und innerhalb der verschiedenen Con= fessionen gehen die geistigen Richtungen und Parteigruppen wieder weit auseinander, je nachdem sie mit einem dogmatischen oder mit einem historischen Schlüssel, mit dem Interesse des theologischen Systems oder des rein menschlichen Wahrheitsbedürfnisses und des religiösen Gewissens an die Bibel herantreten*). Auf Bibel= glauben und auf freien Wahrheitssinn (Schrift und Vernunft= gründe) wurde der echte deutsche Protestantismus in seiner feierlichen Geburtsstunde zu Worms (1521) gegründet**),

---

*) „Wie die Bibel es ist" — heißt es im Vorwort zu Bunsen's Bibelwerk „An die Gemeinde" — „welche die Heilsbotschaft vom Reiche Gottes in Christus verkündigt, „der Gemeinde bewahrt und jedem Einzelnen vorhält als Schlüssel und Spiegel „seines Gewissens und der Weltgeschichte, so ist diese Bibel auch der Prüf= „stein aller christlichen Bestrebungen zum Aufbau der Gemeinde und die allein heilige „Urkunde aller evangelischen Verbündung."

**) „Es sei denn, daß ich durch Zeugniß der heiligen Schrift oder mit „klaren und hellen Gründen überwunden werde ..., so bin ich über= „wunden und gefangen in meinem Gewissen in Gottes Wort" u. s. w. Luther's Worte in Worms.

und bis auf diese Stunde bleibt es eine brennende Frage der Neuzeit, ob das sittliche und wissenschaftliche Gewissen der protestantischen Welt auf dem Grunde der Bibel und der Geschichte die tiefste Aufgabe des Jahrhunderts, die Versöhnung von Religion und Bildung, lösen und somit der innerlich zerrissenen europäischen Welt den Frieden bringen wird. Als drittes Wort unter den Grundfragen der neuen Zeit nannten wir „Central = Europa". Eine lebensfähige Organisation Mittel=Europa's ist für jeden nur halbwegs gesunden politischen Blick das dringendste Bedürfniß für die europäische Ordnung und Freiheit. An eine solche Organisation ist aber nicht zu denken ohne die Lösung der sogenannten „deutschen Frage". Gelingt es nicht, ein starkes Deutschland auf festen moralischen und politischen Grundlagen aufzurichten, so bleibt das Herz Europa's und somit der ganze europäische Körper in derselben krankhaften Spannung, über die man schon seit Jahren rathlos seufzt.

Wird uns zugegeben, daß in dem hier dargelegten Sinn die katholische, die protestantische und die deutsche Frage den innersten Kern unserer Kämpfe und Aufgaben enthalten: so ist auch das wahrhaft Bedeutende in Bunsen's Leben schon ausgesprochen; denn eben mit jenen drei Grundfragen unserer Zeitgeschichte waren seine Arbeiten und Schicksale auf das innigste verflochten. Dadurch wurde er eine geschichtliche Persönlichkeit.

Um dies zu begründen, brauchen wir nur in raschem Ueberblicke an die entscheidenden Momente seiner öffentlichen Wirksamkeit zu erinnern.

In Rom stand er mehr als zwanzig Jahre hindurch dem Mittelpunkte der katholischen Hierarchie in unmittelbarem engen Verkehr gegenüber, mit Päpsten und Cardinälen in geschäftlichem und vertraulichem Umgang. Von den Großmächten wurde er in den Stürmen, die der Julirevolution in Mittel=Italien folgten, mit dem Auftrage betraut, das seitdem berühmt gewordene Memorial über die nothwendigsten Reformen im Kirchenstaate auszuarbeiten (eine Aufgabe, die er später im vertraulichen Gespräche scherzweise seine Mohrenwäsche zu nennen pflegte). Aber Rom, wie es ihn hoch erhoben, schien ihn auch zu Falle bringen zu wollen. Der Conflict, der zwischen Preußen und dem päpstlichen Stuhl über die gemischten Ehen ausbrach und sich bis zur Gefangennehmung des Erzbischofs Droste von Köln steigerte (1837), machte seine Stellung in Rom unhaltbar (1838). Bekanntlich war die Streitfrage darum so verwickelt und dornig geworden, weil man durch geheime Unterhandlungen und durch geheime Uebereinkunft mit den preußischen Bischöfen das erreichen wollte, was man vom päpstlichen Hofe nicht erlangt hatte. Man stieß in Rom auf den exclusiven hierarchischen Standpunkt der allein selig machenden Kirche; diesen wollte man umgehen, indem man sich an die tolerante und vaterländische Gesinnung der einheimischen Bischöfe wandte. Der Gedanke, vom römischen an den deutschen Geist zu appelliren, war der glücklichste und folgenreichste, den man ergreifen konnte. Die damalige Ausführung dieses Gedankens dagegen mißlang völlig und mußte mißlingen, so lange man zum Geheimniß seine Zuflucht nahm, so lange die Bischöfe zwischen Rom und Berlin in einer unklaren und unhaltbaren Stellung blieben, so lange den römischen Ansprüchen nicht das klare Recht der Nation, vertreten von der Krone und den Ständen, entgegentrat. Im Conflicte mit fremden Cabinetsregierungen wird das römische Cabinet nicht leicht in Nachtheil kommen; an Feinheit der diplomatischen Unterhandlung wird der Italiener, der Römer in der Regel dem Deutschen überlegen sein. Nur dem entschiedenen Willen einer Nation gegenüber kommt Rom's Schwäche an den Tag. — Darum kam Preußens Regierung damals in eine ungünstige Stellung, nur um der unrichtigen Form willen, in der sie für eine gerechte Sache und für ein großes nationales Princip, die confessionelle Parität, stritt.

Es schien nun, als wäre für längere Zeit Bunsen's öffentliche Laufbahn zerstört. So war die römische Frage in Wahrheit eine Lebensfrage für ihn geworden. Wie sie in der Zwischenzeit in seiner Seele fortbrannte, das offenbarte sich achtzehn Jahre später (1855), als er in den „Zeichen der Zeit" die zündenden Blitze seines Geistes gegen die gespenstischen Anmaßungen und den Verfolgungsgeist der ultramontanen Priesterpartei schleuderte. — Diese Streitschrift brachte jetzt eine ähnliche Wirkung gegen die römische Partei hervor, wie die Wirkung gewesen, welche 1838 Görres durch seinen „Athanasius" für diese Partei in Deutschland hervorgerufen. Görres hatte mit rücksichtslos einschneidendem Worte sich an die öffentliche Meinung gewandt, um die Sache der Hierarchie gegen die Bureaukratie, des poetischen Katholicismus gegen den prosaischen Protestantismus (so faßte er die Streitpunkte) zu verfechten. Bunsen kehrte jetzt die Geschosse gegen die bisherigen Angreifer. Im offenen Worte, vor dem Angesichte seiner Nation, vertrat er gegen die finstern rückschreitenden Tendenzen römisch gesinnter Hierarchen nun mit glänzender Ueberlegenheit die Freiheit des Gewissens und Gedankens und das Rechtsbewußtsein des mündigen Staats. Mit richtigem Blicke erkannte er das Heilmittel für die bittern Erfahrungen von 1837. Seine Losung hieß von nun an: die römische Frage ist nur durch den gesetzlichen Willen der Nation, also der Fürsten und ihrer Stände, zu lösen. —

Noch tiefer mit seinem ganzen Wesen und Leben verwoben war die protestantische Frage, in unserm Sinn also die Zukunft der protestantischen Welt, ihre religiösen, sittlichen und wissenschaftlichen Aufgaben. Ihnen waren ja seine frühesten Studien und seine spätesten Arbeiten gewidmet. In seiner früheren Zeit standen ihm die Organisationsfragen des Protestantismus in Cultus und Verfassung im Vordergrunde, wie denn auch die Gründung des evangelischen Bisthums zu Jerusalem die erste Veranlassung zu seiner neuen Stellung als preußischer Gesandter in England wurde. Auch seine liturgischen Arbeiten, die noch jetzt in der Gesandtschaftskapelle zu Rom gebräuchliche Gottesdienstordnung, sowie sein Buch über „die Verfassung der Kirche der Zukunft" (1845), hängen mit seinen Organisationsbestrebungen zusammen. In späteren Jahren trieb ihn seine eigene innere Entwickelung und der Umschwung der Zeit mehr zu den innern fundamentalen Fragen, zu den tiefsten Lebensgesetzen des Protestantismus hin — eine Wendung, die sich am offensten in seinen letzten Schriften aussprach, in den „Zeichen der Zeit" (1855), in seinem „Gott in der Geschichte" (1857—1858), einer historischen Theodice oder einer Philosophie der religiösen Offenbarung, und endlich im Schlußsteine seiner Arbeiten, in dem noch unvollendeten „Bibelwerk für die Gemeinde" (1858—1860).

Hier sind wir bei einem Punkte angelangt, wo es sich um das Zarteste und Schwierigste in der gerechten Würdigung des Mannes handelt: um das Heiligthum seiner religiösen Ueberzeugung und um den inneren Zusammenhang zwischen den verschiedenen dem Anschein nach sich widersprechenden, Phasen dieser Ueberzeugung. An eine erschöpfende Beleuchtung dieser Seite seines Wesens kann in den Schranken unserer Darstellung nicht von ferne gedacht werden. Doch ohne einige Andeutungen über den Schlüssel zu der vorliegenden Frage dürfen wir nicht daran vorübergehen.

Galt er in seiner ersten Periode den Weltkindern als ein Pietist und Romantiker, so wollten ihn manche „Pietisten und Confessionalisten" in seiner zweiten Periode zu einem „Aufklärer und Freidenker" stempeln. Wer mit trivialen Schlagworten dieses Gepräges sich mit der inneren Geschichte eines solchen Geistes abzufinden vermag, dem wollen wir seine tauben Nüsse nicht mißgönnen. Auch werden schon jetzt, Angesichts der Worte, die er auf seinem Todbette gesprochen, viele Anschuldigungen wieder verstummen, womit unmündige Urtheilslose bisher sich verwirren ließen.

Aber ein psychologisches und ethisches Problem liegt uns allerdings in Bunsen's innerer Geschichte vor, dessen befriedigende Auflösung sich nicht auf flacher Hand ergiebt. Daß er selbst die Antwort in Denkwürdigkeiten über seinen inneren Lebensgang geben möge, legte ich ihm in Heidelberg (1855) als dringenden Wunsch an's Herz, und er schien damals auf meinen Vorschlag eingehen zu wollen.

Eins seiner wichtigsten Bekenntnisse, worin ich Aufschluß über manche Räthsel seiner inneren Entwickelung finde, hat er (17. November 1849) in dem Briefe an einen Freund niedergelegt: „Seit 1848 bin ich mündig geworden; die letzten Schuppen sind mir von den Augen gefallen."

Hier wird von ihm selbst der Abstand anerkannt, der seine spätere Zeit von der früheren trennt; allein dieser Abstand war weder ein bewußter Widerspruch noch ein berechneter Abfall, wie die Böswilligkeit wähnte. Es war nur die entschiedene Entwickelung eines vorher schon vorhandenen Keimes; es war das rasche Fortschreiten von Unreife zur Reife, von Blüthe zur Frucht, von bloßen Gedankenbildern zur ethischen Wirklichkeit.

Diese Entwickelung vollzog sich aber in raschen, schroffen, für fremde Augen oft unvermittelten Uebergängen, die zu Mißdeutungen leicht Anlaß bieten konnten. Von großer Wichtigkeit für das Verständniß dieser Uebergänge erscheint uns der Einfluß des Widerstandes, auf welchen er in seiner staatsmännischen und schriftstellerischen Laufbahn stieß. Dieser Widerstand der Welt, der kirchlich-politischen rückschreitenden Parteien, zwang ihn, die ehemaligen Friedensgedanken und Organisationspläne als theoretische Illusionen aufzugeben und statt ihrer zu den Waffen eines Geisterkrieges zu greifen, der sich zu einer erschütternden Geisterprüfung gestaltet hat. Jener Widerstand der retrograden Tendenzen trat ihm in Rom als hierarchischer Jesuitismus, in England als halbrömischer Puseyismus, in

Deutschland als politisch und theologisch caritirter Lutheranismus entgegen. — In Rom, im Conflicte über die Mischehen und Hermes, hatte er dem jesuitischen Doppelgänger des Katholicismus in's Auge blicken und im Kampfe mit ihm scheitern müssen. In England war eine Bastardtendenz des Katholicismus, der priesterlich-bigotte anglikanische Pusenismus, ihm in den Weg getreten, und wenig fehlte, daß nicht an dessen Widerspruch seine Unterhandlungen über das Bisthum in Jerusalem gescheitert wären. In Preußen und Deutschland endlich sah er die evangelische Union und die Gesundheit des theologischen und philosophischen Lehramtes von einem streitsüchtigen und bildungsfeindlichen Confessionalismus bedroht. —

Diese drei grellsten Erscheinungsformen des geistigen Rückfalles in den letzten dreißig Jahren, denen Bunsen in den wichtigsten Momenten seiner öffentlichen Thätigkeit, in Rom, London und Berlin, begegnete — sie bildeten ohne Zweifel das Ferment in seiner Seele, das ihn allmählich umwandelte und ihm die Kriegswaffen gegen die Dunkelmänner aufzwang. Eine Umwandlung war dies insofern, als er, auf den Scheideweg gestellt zwischen den zwei großen Parteigruppen der Vergangenheit und der Zukunft, von nun an viel stärker die Seite betonte, die ihn von jenen trennte, während er früher mit Vorliebe die Vereinigungs- oder Berührungspunkte mit ihnen gepflegt hatte. So geschah es, daß frühere Freunde hie und da sich nun von ihm entfernten, während ehemalige Gegner ihre alten Vorurtheile gegen ihn fallen ließen. Aber im innersten Kerne seines Wesens gehörte er niemals einer von diesen Parteien ganz an; den engen Rückschrittsmännern war er stets zu frei und zu idealistisch und den gewöhnlichen Fortschrittsmännern doch noch zu positiv in Glaube und Sitte. In seiner ersten Periode konnte er mit ganzer Seele dem religiösen Aufschwunge des Jahrhunderts sich anschließen, ohne zu befürchten, dadurch mit der Weite und Freiheit des geschichtlichen und philosophischen Denkens in Zwiespalt zu gerathen; denn damals war im Großen noch nicht die Rede vom Joche dogmatischer Satzungen, sondern von freier Begeisterung des Herzens für das Heilige und Ewige. Als dann aber, zum Theil durch die haltlose Ueberstürzung der idealistischen Sturm- und Drangperiode der vierziger Jahre verschuldet, der harte Rückschlag einer gewaltsamen Restauration des geistig Ueberwundenen und Ueberlebten eintrat — richtete er in höchster Erregung die ganze Antipathie und die feurige Widerstandskraft seines Geistes gegen diese Reactionsfluthen. Denn an die Möglichkeit einer solchen Wendung der Dinge hatte er früher nie geglaubt, in den Zeiten seiner friedlichen Ent= würfe für die Zukunft einer freien evangelischen Kirche.

In aller Aufrichtigkeit hatte er vorausgesetzt, daß der ältere und der neuere Protestantismus, die gläubige Gesinnung und die phi= losophische Bildung, zu einem gemeinsamen Werke, zum Zukunftsbau einer großen deutschen Volkskirche, berufen seien. Der Gedanke an eine künftige Entzweiung von Religion und Bildung hatte für ihn etwas Grauenhaftes. Nun aber, da der tragische Zwiespalt zwischen traditionellem Judenchristenthum und universellem Geistes= christenthum durch beiderseitige Schuld immer weiter und drohender auseinander klaffte, stellte er sich entschlossen auf die Seite des letzteren, weil er dieses am meisten gefährdet sah. Damit sind die tiefsten Diffe= renzen, um die gekämpft wurde, schon genannt; denn die Gegensätze des alten und neuen Protestantismus, sodann des gesetz= lichen Judenchristenthums und der geistig freien Christus= religion deuten beide auf das schwerste religiöse und so= ciale Problem unseres Jahrhunderts hin. Wer diesen Gegen= sätzen nicht auf den Grund sieht, wer den unermeßlichen Ernst dieser in= neren Krise nicht faßt, der hat auf diesem Gebiete keine Stimme; Lernen und Schweigen wäre seine erste Pflicht.

Es wäre gegen die Wahrheit, wenn wir Bunsen von aller Schuld an den Mißdeutungen, die ihn betroffen, freisprechen wollten. Diese Schuld fällt aber vorzugsweise der Sprache zur Last, die er zuweilen wählte, und nicht dem tiefsten Grunde seines Gemüths. Schon in seinem „Hippo= lytus“ und noch mehr in den „Zeichen der Zeit“ gefiel er sich zu= weilen im Gebrauche von philosophischen Formeln, die in den Augen der Unkundigen und der Gegner den Schein des Pantheismus erwecken konnten, und bekanntlich ist diese Anklage in herber Form gegen ihn in Umlauf gesetzt worden. Wir haben es kein Hehl, daß wir seine Vorliebe für jene vieldeutigen schillernden Formeln für ein Mißgeschick und für einen Mißgriff zugleich halten, und hierin wissen wir einen seiner treuesten Jugend= freunde, den Altmeister philosophischer Forschung in Bonn, auf unserer Seite. Aber mit dem Innersten und Unerschütterlichen seines religiösen Lebens hatte jene Vorliebe, mag man sie auch eine Schwäche nennen, nichts zu schaffen. Da, wo er das Tiefste seines Glaubens zu Tage brachte, in seinem letzten öffentlichen Bekenntnisse im Bibelwerke und auf seinem

Sterbebette, wurde es für jeden Aufrichtigen offenbar, daß das Vertrauen auf einen lebendigen Gott und auf die Unsterblichkeit des selbstbewußten Geistes mächtig in seiner Seele wurzelte. — „Die Anschauung der Bibel" (sagt er im Bibelwerk, I, 1, in der Erklärung zu 1 Mos. 1, 26) „bewahrt allein vor den verderblichen Irrwegen alter und neuer Zeit. Sie verwirft nicht allein jede Vielgötterei, sondern auch den Dualismus.... Ebenso den Fatalismus oder die Lehre von einem blinden Geschicke, sowie den umgekehrten gottlosen Irrthum des Zufalls, welchem der Materialismus verfällt. Sie endlich bewahrt vor dem der Wahrheit zunächst stehenden und darum gefährlichsten Irrthume, dem Pantheismus." —

Schon vor der Erscheinung seiner letzten abschließenden Schriften hatten seine universalhistorischen und kirchengeschichtlichen Forschungen den Grund zu legen gesucht für seine Anschauungen über Wesen und Geschichte der Offenbarung, über die Entwickelung der Kirche und die Bestimmung der Menschheit; so sein Werk über „Aegyptens Stellung in der Weltgeschichte" (1844—1857), seine „Sieben Sendschreiben an Neander über Ignatius von Antiochien und seine Zeit" (1847) und sein „Hippolytus und seine Zeit, Anfänge und Aussichten des Christenthums und der Menschheit" (1852).

Auch das Dritte, was wir oben als eine Centralfrage der Gegenwart hervorgehoben, die deutsche Frage, d. h. die politische Erstarkung, die nationale Wiederherstellung seines Vaterlandes, war ihm Zeitlebens eine Lebensfrage. Das Herz, nicht bloß das Amt, war hierin sein Antrieb, und er pflegte wohl gesprächsweise Menschen, denen der Sinn für die Angelegenheiten des Vaterlandes ganz fehlt, schlechtweg mit dem starken Ausdrucke „Castraten" zu brandmarken; mochten sie im Uebrigen noch so angenehme Eigenschaften weiblicher Natur besitzen, Männer im vollen, ganzen Sinne des Wortes waren sie ihm nicht. — Auf die politischen Geschicke seines Vaterlandes war ihm dreimal und jedesmal in schicksalschweren Zeitpunkten ein bedeutender Einfluß gestattet. Das erste Mal in jenen entscheidungsvollen acht Jahren (1840—1848), die zwischen der Thronbesteigung Friedrich Wilhelm's IV. und der Februarrevolution lagen. Damals blickte ganz Deutschland und halb Europa erwartungsvoll auf Preußen. Bunsen, der Freund und Vertraute seines Königs, hatte in diesen wichtigen Vorbereitungsjahren einen verantwortungsvollen Beruf dem königlichen Freunde gegenüber. Er gehorchte seiner Gewissenspflicht; sein weiser Rath von damals (1844 und 1845) lautete: rechtzeitig und freiwillig der Nation gewähren, was verspätet und vom Drucke der Verhältnisse erzwungen seinen Dank mehr ernten würde. So sprach und schrieb er 1844 zu Berlin und 1845 auf Stolzenfels.

Zum zweiten Male wurde Bunsen's Stellung zur deutschen Frage von Bedeutung, als die ungeheure Erschütterung von 1848 hereinbrach, und nun auch für Deutschland der größte Wendepunkt seit 1813 einzutreten schien. Er ergriff die Aussichten auf eine nationale Wiedergeburt Deutschlands mit dem ganzen jugendfrischen Schwung seiner glühenden Seele; vom Zusammentritt des deutschen Parlaments an bis zur Kaiserwahl seines Königs hielt er daran fest, bis am Ende die Tage von Olmütz in ihrem Novembergrau seine Hoffnungen begruben. Damals, im Rückblick auf diese bittersten Erfahrungen, schrieb er an einen gleichgesinnten Fürsten die schmerzlichen Worte: „Das Jahr 1850 ist das Jahr des Unter=„ganges der Hoffnungen meines Geschlechts gewesen.... „Ein besserer Tag wird kommen, aber vielleicht blutig.... „Der gegenwärtige Augenblick ist entsetzlich."

Endlich, zum dritten Male, schien es ihm, als könnte beim Beginn des russischen Krieges (1854) eine neue Wendung auch für die deutsche Frage herbeigeführt werden, wenn Preußen und Oesterreich, wie die Westmächte es wünschten, sich am Kriege betheiligten und für diesen Fall zum voraus ihre Bedingungen für einen künftigen Friedensschluß stellten. Eine Revision der europäischen Karte kam schon damals in England und Frankreich in Frage. Aber auch diesmal nahm das preußische Cabinet schließlich eine andere Stellung zu der europäischen Krise ein, als Bunsen erwartet hatte. Die Folge davon war der Rücktritt von seiner Stellung in London.

So gewinnt es den Anschein, als habe sein Eingreifen in die öffentlichen Angelegenheiten, in die kirchlichen wie in die staatlichen, fast überall den entscheidenden Erfolg verfehlt. Nach dem äußeren Erfolg richtet ja die Welt überhaupt einen Jeden, vorzüglich aber den Staatsmann pflegt man nur danach zu messen. Und doch verriethe es eine gefährliche Kurzsichtigkeit, wollte man diesen Maßstab mit mechanischer Handgreiflichkeit geltend machen. Es giebt ein Handeln ohne äußeren Erfolg, das die tiefsten, lange dauernden, inneren Wirkungen hervorbringt, und umgekehrt giebt es eine Thätigkeit, die vom besten Gelingen des Augenblicks begünstigt wird, und die ihrem Wesen nach doch rein vorübergehend und ohne nachhaltige Wirkung bleibt. Wie den geschichtlichen Krisen, so ergeht es oft den geschichtlichen Männern; indem sie bei dem ersten Anlaufe nach einem hohen Ziele unterliegen, bringen sie doch in den Gemüthern und den Verhältnissen Veränderungen und Umstimmungen hervor, in denen die größten Erfolge sich still vorbereiten. Sehen wir darum einen Augenblick näher zu, welche Bewandtniß es mit dem gerühmten äußeren Erfolge zuweilen hat. Fürst Metternich wurde in vielen Kreisen lange Zeit angestaunt wegen des Erfolges, womit er alle Lebensregungen der Völker niederhielt, und er endete mit einem furchtbaren Schiffbruche. Dem Fürsten Schwarzenberg ersparte ein früher jäher Tod nach glänzenden Erfolgen dieselbe bittere Erfahrung, sein Werk zusammenbrechen zu sehen. Graf Leo Thun, Cardinal Rauscher und Dr. Bach mochten sich ihres Erfolges rühmen, als sie das österreichische Concordat zu Stande gebracht. Aber wie urtheilt heute schon fast ganz Oesterreich und halb Europa über diese unzeitige Geburt? — Auch der Minister v. Manteuffel war Jahre lang glücklich in Erfolgen nach seinem Sinn; aber welche Erbschaft hinterließ er dem Lande nach seinem Rücktritt? Ein Mann dagegen wie Guizot unterlag zwar als Minister dem ungeheuern Sturme, der Frankreich aus allen Fugen riß, aber heute noch und auf lange hin hat sein Wort in der ganzen gebildeten Welt die Macht einer geistigen Autorität. Robert Peel wurde bei seiner letzten hochherzigen Maßregel vom größten Theile seiner Partei, die er so lange geleitet, verlassen und als Verräther geläftert, aber dafür verehrt ihn sein Land als einen seiner großen Staatsmänner, und sein Name geht mit dem Adel eines reinen Charakters auf die Nachwelt.

So verhält es sich mit dem Unterschiede von äußerem und innerem Erfolge. Diese Unterscheidung findet in manchem Betracht auf Bunsen's Wirksamkeit ihre Anwendung. Nicht als sollte hier in Abrede gestellt werden, daß auch in seiner ganzen Eigenthümlichkeit gewisse Schwierigkeiten lagen, die seinen Erfolgen im Wege standen. Bei der genialen, blitzartigen Schnelligkeit seines geistigen Blickes übersprang er zuweilen die Mittelglieder zwischen der Idee und der Verwirklichung des innerlich richtig Erkannten. Eine Gefahr mochte für ihn wohl auch in der Erfahrung liegen, daß wenige Menschen dem Zauber widerstanden, den er durch seine hinreißende persönliche Liebenswürdigkeit auszuüben verstand. Dies konnte ihm namentlich in früheren Jahren in den schwierigsten Collisionen eine große Sicherheit einflößen, auf jenem Wege auch da noch einen Ausweg zu finden, wo Andere feine Möglichkeit dazu sahen. So erklärt sich vielleicht das Wagniß, daß er nach der Kölner Katastrophe noch einen Vermittelungsversuch beim päpstlichen Hofe anzuknüpfen suchte (Ende 1837). Endlich konnte er auch bisweilen zu seinem Nachtheile vergessen, daß der Durchschnitt der Menschen langsameren Geistes und Verständnisses war als er; Viele kamen dann wohl gelegentlich um ein Decennium später bei der Einsicht an, die er zu früh bei Anderen vorausgesetzt. Unübertrefflich ist in dieser Beziehung ein Wort, das ein Freund von tiefer Einsicht (1854) an ihn richtete: „Das Zufrüh des Prometheus wird bestraft; das Zuspät, „der leidige Epimetheus, bestraft sich selbst. Das ist der Fluch unserer „Zustände.“

Dies Wort berührt den Mittelpunkt der Sache; daran eben, an unseren Zuständen liegt es, wenn Männer wie Bunsen und viele der Ausgezeichnetsten vor und neben und nach ihm sich an den unerläßlichen Aufgaben des Jahrhunderts verbluten*). Sie haben dennoch nicht vergeblich gekämpft, durch ihre Niederlagen wie durch ihre Siege zeigen sie denen den Weg, die nach ihnen kommen. Die letzten vierzig Jahre sind, im Großen angeschaut, nur ein Bruchstück der erschütternden Tragödie, deren Anfang weit rückwärts, deren endlicher Ausgang aber wohl noch weiter vorwärts liegt. Bis der geistig-religiöse und der politisch-sociale Friede der Neuzeit auf größeren und festeren Grundlagen als bisher neu erkämpft ist, giebt es für die Völker und die Individuen keine Ruhe, vielleicht Waffenstillstände, aber keinen dauernden Frieden. Darum geht durch alle tieferen Gemüther unserer Zeit ein, wenn auch verhaltener, Grundton des Schmerzes im Blick auf das große geistige Arbeitsfeld der Gegenwart, das mit Gefallenen und Verwundeten übersäet ist. Nur die stumpfen Idioten des Bauches und des Mammons oder die trägen Götzendiener des Buchstabens ahnen nichts von einer solchen Stimmung; sie kehren mit behaglichem Schmunzeln den Kampfesmüden den Rücken.

Bisher suchten wir uns die Stellung klar zu machen, die Bunsen zu seiner Zeit und zu den wichtigsten Interessen unseres Jahrhunderts eingenommen. Es galt die Erkenntniß, in welche Klasse von

---

*) Ihnen ruft der größte Dichter der Neuzeit (Shakspeare) in einem unergründlich tiefen Worte den Trost zu:
„Wer klügelnd abwägt und dem Ziel entsagt,
„Weil er vor dem, was nie geschah, verzagt,
„Erreicht das Größte nie.“

Menschen er seinem tiefsten Wesen nach gehöre, und zugleich einen
Wink, wer wohl am besten daran thue, sich eines vorschnellen Urtheils
über ihn zu enthalten.

Jetzt aber wenden wir unsere Blicke auf den äußeren Zusammenhang
seines Lebensganges.

Christian Karl Josias Bunsen, von Friedrich Wilhelm IV. zu
seinem wirklichen Geheimrath und zum Freiherrn ernannt, war geboren zu
Korbach im Fürstenthum Waldeck den 25. August 1791 aus einer ehrbaren,
frommen Bürgerfamilie. Sein Vater, ein alter Biedermann und ehemaliger
Officier, konnte dem Sohne (wie Bunsen es mir in seiner schönen Offenheit
selbst erzählte) beim Abgange nach der Universität Marburg (1808) als einzige
Unterstützung hundert Thaler mitgeben und seinen väterlichen Segen dazu;
dieser Segen wirkte Zeitlebens, von der Baarschaft dagegen blieben ihm
noch zehn Thaler, als der achtzehnjährige Student der Theologie (1809) von
Marburg nach Göttingen übersiedelte. Dort widmete er sich unter Heyne's
und Heeren's väterlicher Leitung den classischen und historischen Studien,
mit dem Lernen schon von 1811 an das Lehren am Göttinger Gymnasium
verbindend. Bald schloß sich um ihn ein gleichgesinnter Freundeskreis, zu
dem Friedrich Lücke, Karl Lachmann, Wilhelm Hey u. A. gehörten, die fast
Alle ihm im Tode vorangegangen. — Stets erinnerte er sich mit Rührung
der glücklichen Fügung, die ihn in den heiligen Jahren der ersten geistigen
Entwickelung mit Jünglingen von ebenso glänzenden Gaben als edelm Ge-
müthe verband. Es war damals die schöne, zukunftreiche Zeit Deutschlands,
als unter der Rinde des äußeren Druckes der Fremdherrschaft ein neues
geistiges und sittliches Leben sich in den Tiefen der Nation vorbereitete.
Noch im Alter leuchteten Bunsen's Augen mit frischem Glanze, wenn er
davon erzählte, wie er und die Freunde jedes neue bedeutende Buch, gleich-
viel ob Philosophie, Geschichte oder Poesie, des Abends wie einen neuen
Schatz in ihre Zusammenkünfte mitbrachten, es zusammen lasen und ver-
arbeiteten. Goethe's Faust z. B. riß sie mit dem ganzen Reize der Neu-
heit hin, wie ein Zauber, der plötzlich die Schleier lüftete, die ihren Gesichtskreis bisher eingeengt. Diese Jünglingsfreundschaft war von echtem
Gehalt; denn sie sind sich nachher Alle ihr Leben lang treu geblieben.

Aber wie beglückend und segensreich diese Jugendfreundschaft auch sein
mochte, für die weitere Entwickelung war doch die Freundschaft eines höher
stehenden gereisten Mannes noch bedeutungsvoller. Und in der That, wo
giebt es einen reineren Sonnenblick des inneren Glückes als da, wenn ein

königlicher Geist von seiner Höhe herabsteigt, um dem noch unklar Stre=
benden oder mühsam Emporklimmenden mit edelm Vertrauen die Hand zu
reichen und ihm zur Freiheit emporzuhelfen, sei es, indem er ihm Klarheit
giebt über sich selbst und über seine eigenthümliche Aufgabe, oder sei es,
daß er ihn auf das Arbeitsfeld führt, wo er sein Pfund am besten an=
wenden kann! Dieser Anblick, wenn der Aeltere dem Jüngeren, der geistig
oder social Höhere dem Niederen mit innerer Theilnahme entgegenkommt,
wirkt immer wie ein reiner Abglanz jener höchsten Liebe, welche die Fülle
ihres Lichtes neidlos aufgehen läßt über Gerechte und Ungerechte.

Dieses Glück war Bunsen in der Freundschaft Niebuhr's be=
schieden. Zu Niebuhr nach Berlin hatte ihn schon Ende 1815 die Sehn=
sucht getrieben, den großen Historiker und Staatsmann kennen zu lernen.
Aber erst in Rom bildete sich ein inniges Verhältniß zwischen ihnen. Merk=
würdig genug waren die Umstände, die ihn nach Italien und dort mit
seinem Lehrer und Freunde zusammenführen sollten. Nachdem er in Hol=
land und Kopenhagen seine germanischen Studien fortgesetzt, dann in Paris
(1816) unter Sylvestre de Sacy das Persische und Arabische begonnen,
hatte er mit einem jungen Amerikaner die Verabredung getroffen, sein
Reisebegleiter durch Europa zu werden, um so die Mittel zu gewinnen, mit
denen er nachher in Indien seine indischen Studien zu vollenden dachte.
Als künftiges Lebensziel winkte ihm dabei die Lehrstelle der Philologie und
Geschichte an einer deutschen Hochschule — ein Zug, der für seine Charak=
teristik nicht unwichtig erscheint. Allein es geschieht das Unerwartete; der
Amerikaner wird der geschlossenen Verabredung untreu; umsonst wartet
Bunsen (1816) in Italien auf den Begleiter; in dieser peinlichen Ent=
täuschung reicht Niebuhr ihm die Hand und führt ihn auf den Weg, der
zu seinem äußeren Glück, zu seiner glänzenden Lebensstellung leitete. — „Wer
Gott nicht in seiner eigenen Lebensführung findet, der fin=
det ihn wohl überhaupt nicht" — war eins der Worte, die ich
beim ersten Zusammentreffen mit Bunsen (1839) aus seinem Munde
vernahm.

Anfangs war es (wenn ich nicht irre) nur eine vorläufige*) An=
stellung auf ein Jahr, die Niebuhr ihm anbot, denn auch Bunsen hielt
zuerst noch an seinem ursprünglichen Plane fest. Allein neue Bande
sollten ihn bald ganz in Rom zurückhalten; in einem englischen Familien=

---

*) So erzählte mir Bunsen den Hergang in Bern zu Weihnachten 1839.

treife lernte er die Gefährtin kennen, die das Glück und der Schmuck seines
Lebens geworden. Mit jener heroischen Hingebung, die immer nur e i n e n
Weg, den der Pflicht, kennt, hat sie ihm von da an in allen Wechseln seines
Geschickes zur Seite gestanden, Alles miterlebend und mitverstehend, und
nachdem sie ihm zwölf Kinder geboren, von denen zehn noch am Leben,
sieht sie jetzt den Segen des Psalmwortes sich erfüllen: „Und seheft deiner
K i n d e r K i n d e r" (Psalm 128, 6). — Auch hier griff Niebuhr beglückend
in sein Geschick; von den Eltern des Mädchens über den jungen Bewerber
befragt, erwiderte er: „Hätte ich nur ein e i n z i g e s Kind, ich gäb' es ihm
mit Freuden." — In Niebuhr's Correspondenz vom 3. Juni 1817 lesen
wir: „Bunsen ist mit einer Engländerin verlobt... er hat sich vortrefflich
„benommen und das Mädchen muß ausgezeichnet sein." — Bald darauf erhielt Niebuhr's Gesandtschaftssecretär B r a n d i s einen Ruf an die neu-
gegründete Universität Bonn als Professor der Philosophie; Bunsen, sein
intimer Freund, wurde sein Nachfolger. „Ein sehr klarer und achtungs-
„würdiger Mann" (so schrieb damals Niebuhr 11. April 1818) „ist Bunsen.
„Hardenberg hat mir zugesagt, daß er Brandis' Nachfolger werden soll.
„Dies macht mir Freude: für mich, weil ich ihn gern habe; f ü r i h n u n d
„f ü r d e n S t a a t , weil er e i n e n a u s g e z e i c h n e t e n B e r u f z u G e -
„s c h ä f t e n h a t u n d d a r i n s i c h h e r v o r t h u n w i r d."

Der eigene Herd war gegründet, der Zugang zu einer öffentlichen
Stellung gefunden; noch hatte er zwei Stufen zu überschreiten, wenn er
sichere Aussichten im preußischen Staatsdienste gewinnen sollte: er mußte
in ein persönliches näheres Verhältniß zum Könige und zum Thronfolger
treten. Beides wurde ihm während der nächsten zehn Jahre zu Theil.
Als der König Friedrich Wilhelm III. Rom im Jahr 1822 besuchte, zog
ihn die Persönlichkeit des liebenswürdigen, geistreichen Gesandtschaftssecre-
tärs bald so sehr an, daß er ihm sein entschiedenes Wohlwollen schenkte.
Sogar der offenherzige würdige Widerspruch, den B u n s e n sich in einem
Gespräche über des Königs damalige Lieblingsgegenstände, Agende und
Gesangbuch, erlaubt hatte, erhöhte nur die Achtung des gewissenhaften Fürsten
für seinen Begleiter in Rom. Er forderte ihn in den freundlichsten Ausdrücken zum Verbleiben in seinem Staatsdienste auf.

Fünf Jahre später (1827 im Herbst) wurde er, damals Minister-
resident (nach Niebuhr's Weggang), nach Berlin berufen, wegen der Unterhandlungen über die gemischten Ehen. In Berlin lernte er den Kronprinzen kennen, und hier bildete sich ein Verhältniß, das in seiner Art in

der neuen Zeit wohl einzig dasteht*). Zwischen dem Erben der Hohen=
zollern'schen Königskrone und dem Sohne des waldeck'schen Officiers, der
mit einer Aussteuer von 100 Thalern seinen Weg durch das Leben suchen
mußte, zwischen ihnen beiden offenbarte sich ein so mächtiger Zug innerer
Verwandtschaft, daß bald der Grund zu einer Freundschaft gelegt wurde,
die fast dreißig Jahre fortdauerte, trotz allen innern und äußern Störungen,
die sie zu untergraben suchten. Diese Freundschaft konnte wohl zeitweise
sich verhüllen, durchbrach aber nach jeder Pause immer wieder mit der
unzerstörbaren Macht einer reinen Jugendliebe alle Hemmungen, Verstim=
mungen und Intriguen. Denn das soll an dieser Stelle nicht verschwiegen
werden: wie man auch über den hochbegabten Fürsten urtheilen möge, der
jetzt von bejammernswerther Krankheit umnachtet danieberliegt, nachdem
ihn die Welt auf die höchsten Wogen schwärmerischer Bewunderung ge=
hoben und dann wieder in die Tiefen wildester Anfeindung und schwerster
Bedrängniß gestürzt — Eins war in seiner Seele, was nur höheren
Naturen eigen ist, er erkannte den Adel des Geistes und der
Gesinnung, wo immer er ihm entgegentrat; wen der König der Könige
mit seinem Gepräge geadelt, der konnte sicher sein, von diesem Fürsten
mit größerer Auszeichnung behandelt zu werden, als hundert übermüthige
Junker mit ellenlangen Stammbäumen. Gleiches fühlt ewig sich zum
Gleichen hingezogen. So blieb ihm lebenslang fast jede neue Berührung
mit Bunsen eine geistige Erquickung. Wenn dann einige Höflinge gelegent=
lich etwas zu deutlich ihren Aerger über die Bevorzugung des „Empor=
kömmlings" merken ließen, konnte Friedrich Wilhelm IV. (als König) wohl
einmal unwillig ausrufen: „Gönnt man mir denn nicht für ein paar kurze
„Tage den Genuß, einen geistreichen Menschen um mich zu haben, der
„mich belebt, während ich doch Wochen lang Geduld habe mit so vielen
„langweiligen Gesellen, die mich drücken?!"
　　So waren nun alle Bedingungen der glücklichsten Lebensstellung ge=
funden. Sein Haus in Rom, sein Familien = und Freundeskreis**), die

---

*) Einige Aehnlichkeit möchte vielleicht in dem Verhältnisse des Herzogs Karl
August von Weimar zu Goethe sich finden.
**) Unter vielen Andern erinnere ich z. B. an den hannöver'schen Legationsrath
A. Kestner, den Sohn der Werther'schen (Goethe'schen) „Lotte", der ihm zeitlebens
ein treuer Freund geblieben. Auch Kestner ist dem Freunde im Tode vorangegangen.
Wer in Rom den liebenswürdigen Mann und sein gastfreundliches Haus kennen lernte,
wird ihm ein dankbares Andenken bewahren.

Gunst seines jetzigen, die Freundschaft seines künftigen Königs, die selige Lust geistigen Forschens und Schaffens — das Alles stellte ihn auf eine Höhe des Lebens, wo den Besonnenen leicht die Ahnung beschleicht, es sei zu schön, als daß es lange dauern könnte. Die in Berlin geschlossene Verbindung mit dem Kronprinzen wurde noch um Vieles inniger, als dieser im Winter 1829 auf Besuch nach Rom kam. Eine seltene Gunst des Glückes war es auch, daß nach des trefflichen Schmieder's Weggang ihm einer der ausgezeichnetsten Theologen der Gegenwart als Gesandtschaftsprediger zu= geführt wurde, Richard Rothe, jetzt Kirchenrath und Professor in Heidel= berg. Mit einem so tiefsinnigen Denker und so reinen Charakter war der schönste, befruchtende Austausch in Religion und Wissenschaft möglich, der beide Männer für immer eng verband*). Auch Tholuck kam für einige Zeit**), später Abeken. — Champollion's Anwesenheit (1826) und Belehrung gab dann den ersten Anstoß zu Bunsen's ägyptischen For= schungen***), und dann war es wieder Bunsen, der Lepsius aufmunterte,

---

*) Im Hippolytus, I, 253, hat Bunsen diesem Geistesbunde ein Denkmal gesetzt als poetische Widmung, woraus ich einige Strophen hier anführe:

„Einst auf Capitoles Höhen knüpften wir den heil'gen Bund,
„Als du geisteskräftig thatest dort des Herren Willen kund,
„Als wir gläubig und im Stillen bauten die Gemeinde auf,
„Die, der Menschheit Opf'rung weihend, Ew'ges wirkt im Zeitenlauf. —

— — „Fest und frisch ist auch geblieben unsrer Herzen Liebesband,
„Ziehen beid' im Geist vereinet nach des Geistes Vaterland,
„Wissend, daß in dieser Erde hat gezündet Geistes Blitz,
„Und daß einst ihr Kreis soll werden freien Gottesreiches Sitz;

„Wissend auch, daß unserm Volke ward ein göttlich hohes Pfand,
„Daß der Geist des Herren wehet noch im großen Vaterland,
„Daß Er heilen will, was siechet, einen, was zerrissen ward,
„Und verklären sich auf's Neue in der freien deutschen Art.

— — „Von dem Tempel, den wir schauten in des Glaubens Morgenroth,
„Hab' ich Steine mir gerettet aus der Zeiten bittrer Noth;
„Richte Du, nach Deinem Bilde, selbst Dir auf den Wunderbau,
„Daß der Geist auch in den Trümmern noch des Urbilds Plan erschau'."

**) An Bunsen ist bekanntlich die Widmung von Tholuck's Commentar zum Hebräerbriefe gerichtet, in Erinnerung an das römische Zusammenleben.
***) „Die Nachwelt wird Champollion's Entdeckungen und fruchtbare Ahndungen „der Höhe seines Genius und dem edeln Streben seines Gemüthes zuerkennen. Wir „sprechen dieses mit voller Ueberzeugung aus, nicht weniger jedoch mit der Freude „persönlicher Dankbarkeit; denn wir haben ihn persönlich gekannt und an dem Fuße der „Obelisken Roms von ihm die Anfänge der Hieroglyphik zu lernen das Glück gehabt." Bunsen, „Aegyptens Stelle in der Weltgeschichte", I, 293.

sich ganz diesem Zweige der Alterthumsstudien zu widmen, und der ihm durch seine Verwendung bei der Berliner Akademie die Mittel dazu verschaffte. Das waren die Vorbereitungen zu jener preußischen Expedition nach Aegypten, die unter Friedrich Wilhelm IV. (1842) zu Stande kam. — Auf seine Anregung wurde unter Dr. Gerhard das archäologische Institut auf dem Capitol gegründet, und in einem Flügel desselben Gebäudes (nach Annahme einiger Archäologen auf dem Tarpejischen Felsen) das protestantische Hospital errichtet*). — In dieser Weise wirkte er gleichzeitig nach den wichtigsten Seiten realer und idealer Thätigkeit hin, für staatliche, kirchliche und wissenschaftliche Interessen. Für seine und Preußens damalige politische Geltung zeugt die Auszeichnung, daß die europäische Conferenz in Rom ihn mit der Ausarbeitung des Entwurfs des Memorandum del Maggio 1832 beauftragte, um dem päpstlichen Stuhle die unerläßlichsten Reformen in der Verwaltung des Kirchenstaates zu empfehlen. Es bezeichnet die rastlose Vielseitigkeit seines Wesens und Arbeitens, wenn wir neben dies Memorial von 1832 seine Mitwirkung an dem historisch-topographischen Werke „Beschreibung der Stadt Rom" (1830—1843, drei Bände), seine ägyptischen Studien (seit 1826) und seinen „Versuch eines allgemeinen evangelischen Gesangbuchs" (1833) stellen. —

So lebte er zwanzig glückliche Jahre zu Rom im Palazzo Caffarelli auf dem Capitol; es waren wohl die schönsten seines Lebens; da zog sich endlich über seinem lange beglückten Hause der Sturm zusammen, der ihn von dort wegtrieb. — Der Streit über die gemischten Ehen führte zu der Kölner Katastrophe, deren Nachwirkungen ihn nöthigten, seine Abberufung zu verlangen. Er erhielt sie in der Form eines Reiseurlaubs nach England. Am frühen Morgen des Abschiedstages von Rom schrieb er, während die Seinen noch ruhten, die Worte nieder, die uns in seiner Seele lesen lassen:

„So soll ich denn vom heil'gen Boden ziehen,
Auf dem des Lebens Blüthe mir gesprossen?

*) Wie wohlthätig diese Gründung war, mag man u. A. aus einer Stelle in Niebuhr's römischer Correspondenz (III, 413) vom 28. August 1819 ersehen: „Die vielen „Kranken beschäftigen unsern Schmieder sehr. Es sind hier viele deutsche Handwerker, „besonders aus der Schweiz, mit Frau und Kindern. Da herrscht denn ein Elend ohne „Grenzen, und bisher haben sie [die Römer] diese Unglücklichen oft in's „Hospital gebracht, dort, wenn sie sich weigerten überzutreten, Tage „lang ohne Wartung und Speise liegen lassen."

Die ew'ge Stadt, in der mir zugeflossen
Ein Segensmeer — die soll ich ewig fliehen?

„Wo ich der Jugend Traum als Mann genossen,
Wo Lieb' und Freundschaft Flügel mir geliehen;
Wo mir den Geist zu kennen ward verliehen,
Der, ein Prophet, der Zeiten Grab erschlossen!

„Wo deutsches Leben unter Südens Himmel,
Die Gegenwart ich leb' in Roma's Weihe,
Und Wissen pflegt' und Kunst im Weltgetümmel!

„Wo ich die Kirche mir erbaut, die freie,
Auf ew'gen Felsen, trotzend dem Gewimmel
Der Tagesfliegen und des Neides Schreie!"

Er ging über München, wo Schelling's Umgang ihn elektrisch berührte,
nach England, wo er ein glückliches Jahr des „Stillseins und Wartens"
(so lautete sein Wahlspruch: in spe et silentio) zubrachte. Zu seinen
schönsten Genüssen gehörte dort das Wiedersehen seines englischen Freundes,
Dr. Thomas Arnold, des ausgezeichneten, seinem Lande so früh ent-
rissenen Pädagogen, Theologen und Historikers. Mit welcher begeisterten
Verehrung Arnold an Bunsen hing, zeigt am klarsten ein Brief vom
28. November 1838 an Hearn: „Mein Gefühl von Bunsen's Werth
„könnte ich nicht ohne einen Schein der Uebertreibung ausdrücken; aber
„könnten Sie ihn nur eine halbe Stunde hören und sehen, so würden
„Sie mich verstehen. In keinem andern Menschen sah ich Gottes Gnaden
„und Gaben so verbunden wie in ihm. Ich habe Männer gesehen, die
„ebenso gottesfürchtig, ebenso liebenswürdig, ebenso talentvoll waren wie er,
„aber niemals kannte ich einen, der alle drei Eigenschaften in einem so
„außerordentlichen Maße besaß, und der damit eine so reiche und tiefe
„Kenntniß des Alten und Neuen, des Geistlichen und Weltlichen verband,
„wie ich sie von keinem Andern erreicht sah"*). Trotz dem schweren Geschicke, das ihn betroffen, war jenes Stillleben für ihn eine glückliche Zeit;
denn nach Art starker Geister suchte er für die tiefsten Kränkungen in der
frischesten Arbeit die nie versagende Aufrichtung. Schneller indessen, als
die diplomatische Welt es erwartete, kehrte er als Gesandter in der Schweiz

---

*) The life and correspondence of Thomas Arnold, D. D., by A. P. Stanley,
Vol. I. p. 137. London 1844.
„I could not express my sense of what Bunsen is without seeming to be ex-
aggerating. . . . He is a man in whom God's graces and gifts are more united
than in any other person whom I ever saw. I have seen men as holy, as amiable,
as able, but I never knew one who was all three in so extraordinary degree etc.

wieder in den activen Dienst zurück (November 1839). Auch hierbei hatte sich die Freundschaft des Kronprinzen für ihn wirksam erwiesen. Aber noch war Bunsen kein Jahr in Bern, so starb König Friedrich Wilhelm III. (7. Juni 1840), und sein hoher Freund, der Kronprinz, stieg als Friedrich Wilhelm IV. auf den Thron. Wie zu erwarten war, brachte das Ereigniß auch für Bunsen's Leben eine neue Wendung. Im Frühjahr 1841 berief ihn der König nach Berlin, um ihm die Unterhandlungen mit England über die Gründung des evangelischen Bisthums zu Jerusalem anzuvertrauen *). Nach dem Abschlusse derselben ernannte ihn der König zu seinem Gesandten in London; in dieser Stellung blieb er bis zum Ausbruche des Krimkrieges (1854). Seine Gesandtenlaufbahn in England begann unter den günstigsten Auspicien. Auf eine Befreundung Preußens und Englands blickten alle Vorwärtsstrebenden in Deutschland im Anfange der vierziger Jahre mit frohen Hoffnungen. Diese Befreundung beider Staaten schien eine symbolische Bestätigung zu erhalten, als Friedrich Wilhelm IV. zur Taufe des neugeborenen englischen Thronerben als Pathe nach England reiste. Auch eine noch innigere Verbindung beider Königshäuser, die 1858 durch Vermählung des preußischen Thronerben und der englischen Königstochter sich verwirklichte, sah Bunsen noch während seiner Gesandtschaft sich still vorbereiten. — Wie die enge Beziehung zwischen beiden Dynastien, so sicherte sein ganzes Auftreten und seine Persönlichkeit ihm ein bevorzugtes Verhältniß zu dem englischen Königshause. — Aber nicht bloß zwischen beiden Höfen, sondern ebenso sehr zwischen beiden Nationen bewies er sich als ein anregender würdiger Vermittler; vertrat er Deutschland gegenüber die englische Anschauung von Recht, Gesetz und

---

*) Jene Unterhandlungen mit England wurden damals im protestantischen Deutschland von Vielen mit Mißtrauen beobachtet, weil man dabei das Vorhandensein eines Hintergedankens besorgte: die Verpflanzung der englischen EpiskopalVerfassung nach Preußen und in die deutsche Kirche. Die ohnehin schon durch anglikanischen Hochmuth gereizte Stimmung machte sich in der scharfen Streitschrift Dr. Schneckenburger's und Hundeshagen's Luft: „das anglo-preußische Bisthum zu St. Jacob und was daran hängt", 1842. Als diese Flugschrift überall Aufsehen zu machen begann, warf ein Freund Bunsen's in einem Berliner Kreise, auf Görres' „Athanasius" anspielend, das pikante Wort hin: „Nun hat auch das Bisthum zu Jerusalem seinen Athanasius gefunden."

Weitere Aufklärungen über die Sache brachte dann die Schrift (Bunsen's und Abeken's): „das evangel. Bisthum in Jerusalem. Geschichtliche Darlegung mit Urkunden", 1842. Sodann der Briefwechsel Bunsen's mit Gladstone „über die deutsche Kirche, das Episkopat und Jerusalem", mitgetheilt in Bunsen's „Verfassung der Kirche der Zukunft" (1845), Hamburg, Agentur des Rauhen Hauses.

Verfassung, so wußte er hinwiederum England gegenüber die Schätze des deutschen Geistes, die deutschen Ideen über Wissenschaft und Kunst, über Religion und Kirche geltend zu machen. In diesem Sinne wuchs sein geistiger Einfluß in England mit jedem Jahre. Die Aufnahme der englischen Ausgaben seiner Werke über Aegypten und über Hippolytus ist ein sprechender Beleg dafür. Aber auch sonst brauchte man nur einige Zeit in seinem Hause zu verweilen, um sich zu überzeugen, wie bedeutsam beide Nationen oft in ihren lebendigsten Vertretern dort sich berührten und zusammen verkehrten. Ich spreche hier aus eigener Anschauung, denn zweimal habe ich für längere Zeit (1843 und 1852) unter seinem gastlichen Dache auf Carlton-Terrasse gewohnt, das eine Mal gleichzeitig mit dem Geschichtschreiber der Päpste und der deutschen Reformation, mit Leopold Ranke, in unvergeßlich schönen Tagen. — Und wie er zu den politischen und literarischen Notabilitäten Englands in nahem Verkehr stand, so unterhielt er vielfache Beziehungen zu den kirchlichen und religiösen Kreisen. An einem der großen Missionsfeste in Exeter-Hall hörte ich ihn zu der Versammlung sprechen, während mehrere Minister, unter ihnen Lord Aberdeen, in seiner Nähe saßen. Der greise ehrwürdige Erzbischof von Canterbury wie der unermüdlich thätige Lord Ashley (jetzt Graf Shaftesbury) bezeigten ihm ihre Achtung und Freundschaft; besonders theuer war ihm die innige Freundschaft der edeln Elisabeth Fry, die auch durch verwandtschaftliche Bande zwischen beiden Familien für ihn folgenreich wurde.

Nach dem Rücktritt von seinem englischen Gesandtschaftsposten lebte er ganz seinen schriftstellerischen Arbeiten auf dem schönen Sitze Charlottenberg bei Heidelberg, in ländlicher Zurückgezogenheit. Doch kaum kann man von Zurückgezogenheit sprechen, wenn man sich seines unausgesetzten weitreichenden Verkehrs, sowie der großartigen Gastfreundlichkeit seines Hauses erinnert, die er in Heidelberg fortsetzte, wie er sie in Rom, Bern und London gegen Besucher aller Länder geübt hatte. —

Dort, am Ufer des Neckar, im Angesichte des Schlosses, wo einst (1619) eine englische Königstochter in kühnen Plänen sich wiegte, entstanden nun seine „Zeichen der Zeit" (1855), jener glühende Fehdebrief, den er der kirchlich-politischen Reaction auf ihrem Höhepunkte in's Angesicht schleuderte, eine Schrift, die man mit Recht unter den damaligen Umständen ein Ereigniß nannte.

Ein Ereigniß waren die „Zeichen der Zeit" in doppelter Beziehung:

einmal durch ihre zündende Wirkung auf gleichgesinnte Zeitgenossen, als eine Kriegslosung gegen die kirchlichen Restaurationspläne
(bekanntlich fand die Streitschrift eine Verbreitung, die in Deutschland fast
unerhört war); sodann durch die Nachwirkung auf Bunsen's Stellung zu den kirchlichen und zu den pietistischen Kreisen
Deutschlands, die ihn bisher im Ganzen zu den Ihrigen gezählt. In
ihrer Mitte entstand nun eine Spaltung, da die Einen auf das Gemein-
schaftliche, die Andern auf das Trennende in seinen und ihren Ueberzeugungen das größere Gewicht legten; diese Differenz war es, die dann
bei dem Feste der evangelischen Allianz in Berlin (1857) in Folge des
Zusammentreffens Bunsen's mit seinem alten Freunde Merle aus Genf
in der ungeeignetsten Form zur Sprache kam.

Die erste Veranlassung zur Entstehung der Streitschrift war vom
Könige ausgegangen. Klagen über unverantwortliche Bedrückungen der
Evangelischen in Oesterreich hatten sein christliches Herz empört und ihm
den ebenso weisen als gerechten Wunsch eingegeben, daß die öffentliche
Meinung Deutschlands und Europa's, als die beste Abwehr gegen
solche Verirrungen, möchte angerufen werden. Das war der erste Gedanke und so war der erste Entwurf des Buches. Als Bunsen
ihn mir in dieser ersten concentrirten Gestalt vorlegte, erklärte
ich ihm zuversichtlich: „Diese Schrift wird eine größere Wirkung hervor-
„bringen, als irgend eine Ihrer früheren Arbeiten, und es kann nicht fehlen, es
„wird ein Segen auf ihr ruhen." — Bei der Ausarbeitung jenes Entwurfes
nahm die Arbeit dann einen immer größeren Umfang an und zog noch andere
verwandte Fragen und Erscheinungen in den Kreis ihrer Besprechung; der-
selbe Schlag, der zunächst gegen den jesuitischen und verfolgungssüchtigen.
Ultramontanismus gerichtet war, sollte auch die Gegner der Union und der
Gewissensfreiheit im protestantischen Preußen treffen; zu diesem Zwecke
zog die Streitschrift nach der hierarchischen Liga in Oesterreich und nach
dem Bischof Ketteler von Mainz auch noch Stahl und Hengstenberg in
Berlin mit in den Kampf hinein*).

---

*) Es gehört mit zu den charakteristischen Wechselfällen in Bunsen's Laufbahn,
daß er es war, der Stahl aus seinem beschränkten Wirkungskreise in Erlangen auf
den größeren Schauplatz in Berlin berief, obwohl ihm schon damals einer seiner
Jugendfreunde, der in der Prüfung der Geister hier richtiger sah als Bunsen, warnend
zurief, er möge wohl zusehen, ob er in Wahrheit einen Gesinnungsgenossen nach
Preußen berufe. — Bunsen, damals noch völlig von seinen episkopalistischen Idealen
erfüllt, war durch Stahl's Schrift über Kirchenverfassung ganz für ihn gewonnen und

Mochte der überraschend glänzende Erfolg des Buches anfangs einen beinahe überwältigenden Eindruck auf Bunsen machen, er war doch ein viel zu ernster Geist, eine zu großartige Natur, als daß der vorübergehende Beifall für eine muth- und geistvolle Polemik ihm dauernde Befriedigung hätte gewähren können. Sein Sinn war auf Höheres gestellt. Der geistige Krieg war ihm nur Mittel, nicht Zweck; wer ihn vollends einen „negativen" Geist nannte, der wußte nicht, was er that; vielmehr stand im Hintergrunde seines Buches und im tiefsten Grunde seiner Seele stets „eine große Affirmation". Die geistige Atmosphäre war inmitten der fünfziger Jahre so schwül und beengend, daß eine Reinigung der Luft durch männlichen Kampf für die bedrohten geistigen Güter damals wie eine Wohlthat des Himmels erschien; in der seit den letzten Jahren jetzt wieder eingetretenen erhöhten Erregung des politischen und religiösen Geistes ist die Erinnerung an die damalige Verdumpfung schon bei Vielen erblaßt. Auf Bunsen aber lastete jener Druck mit unerträglicher Schwere und durchdrang ihn immer lebhafter mit dem längst genährten Vorgefühl einer unberechenbaren weltgeschichtlichen Katastrophe. Die Ahnung einer herannahenden Weltkrise in der Gestalt gewaltiger göttlicher Weltgerichte über Fürsten und Völker erklärt die tiefe Erregung und den prophetischen Ernst, der in den „Zeichen der Zeit", in „Gott in der Geschichte" und im Vorwort des Bibelwerkes stellenweise in ergreifenden Worten ausströmt. „Ein „großes Gericht zieht heran; wir Alle empfinden die Schwüle der „Weltluft, welche die europäische Menschheit athmet, diesseit und jenseit des „Weltmeeres. ... Die Zeit des Kampfes für die Freiheit des Geistes ist „da; heraufbeschworen durch Uebermuth und Wahnsinn, muß er durchgekämpft „werden von den Kindern des Reiches Gottes in einem wahrhaft geistigen „und sittlichen Kampfe, zu Gottes Ehren, damit er enden könne, wie er enden „muß zuletzt, zum wahren Heil der Menschheit, zur Förderung des Gottes= „reiches von Gerechtigkeit und Wahrheit."

In dieser Stimmung ging er an die Herausgabe seiner Offenba-

---

lernte den seither berühmt gewordenen Rechtslehrer auch persönlich kennen, als Stahl ihn (1840) in Bern besuchte. Jetzt drang er auf das eifrigste in den König für Stahl's Berufung nach Berlin; als Eichhorn in's Unterrichtsministerium trat, war die Sache schon entschieden. — Und fünfzehn Jahre später (1855), welcher Umschwung in den Stimmungen und Parteistellungen! Nun summte eine Zeit lang durch alle Kreise der preußischen gebildeten Gesellschaft die Parole: „Bunsen gegen Stahl!" oder: „Stahl gegen Bunsen!"

rungsphilosophie „Gott in der Geschichte"*) und seines „voll=
ständigen Bibelwerkes für die Gemeinde" (1858). Der Eifer
und die Hingebung, womit er sich in diese Arbeiten versenkte, zeugen un=
widersprechlich für die Wahrheit, daß es „diesem Geiste ein intimeres
Bedürfniß war, die Natur der Religion und des religiösen Lebens in
ihrer Wahrheit zu betrachten und zu enthüllen, als mit denen zu ha=
dern, die beide entstellen"**). — „Die Bibelchristen" (sagt er im Vorworte
des Bibelwerkes) „haben nicht mehr zu kämpfen um die Außenwerke, sondern
„vielmehr um den Kern der Festung ihres Glaubens. Von außen schwirrt
„und drängt die ungläubige Welt mit ihrem fast vorfluthigen Frevel, mit
„ihrem Schwindel und ihrer Goldgier, während im Inneren grimmige Feinde
„von allen Seiten heranrücken. . . . In solcher inneren und äußeren Noth
„gilt es, sich im Glauben anklammern an die Bibel und vom lichten Mittel=
„punkt des Evangeliums aus das Gottesreich dieses Buches aufschließen und
„erhellen. . . . Die fernere Gleichgültigkeit gegen das Wort Gottes ist strafbar ⋅
„in den Gemeinden und Völkern, doppelt in ihren Lehrern und Regierern,
„und verderblich ist sie für Alle. Denn ist das Evangelium wahr, so müssen
„alle Zustände untergehen, welche mit dem Fortschritte des Gottesreiches un=
„vereinbar sind; und das Zeugniß der Geschichte geht eben dahin. Aber das
„Reich Gottes wird denen bleiben, welche, im Gefühl ihrer eigenen Nichtig=
„keit Gott allein die Ehre gebend und die Unkraft und Verderblichkeit aller
„künstlichen Aushülfen und alles menschlichen Flickwerkes anerkennend, vor
„die Gemeinde treten mit der Heilsbotschaft der Bibel und entschlossen sind,
„mit der Gemeinde in brüderlicher Vereinigung am Reiche Gottes zu ar=
„beiten, im Glauben und nicht im Unglauben, in Liebe und nicht aus Haß."
    In diesem Lichte also erschien ihm die Aufgabe seines Bibelwerkes,
die er seit 40 Jahren als „bewußten Mittelpunkt seines geistigen Strebens"
in sich bewegte***). Wie ist ihm die Lösung dieser Aufgabe

---

*) „Gott in der Geschichte oder der Fortschritt des Glaubens an eine sittliche
Weltordnung". Drei Theile, 1857 und 1858.
**) Worte einer wahrscheinlich von Dr. Meyer herrührenden Besprechung von
„Gott in der Geschichte" in der „Allgem. Augsb. Zeitung".
***) „Dieses Bibelwerk" — sagt er in den Vorerinnerungen, I, 118 — „ist nicht
ein zufälliger oder später Einfall, sondern organisch aus einer planmäßigen Vorberei=
tung für dasselbe entstanden. . . . „Was auch der bleibende Werth desselben sein möge,
so wird Niemand dem Verfasser vorwerfen können, unvorbereitet oder ohne Bedacht
und reife Ueberlegung an dasselbe gegangen zu sein. . . . Am Ende kann doch Nie=
mand mehr thun, als ein volles Mannesleben an die planmäßige Ausbildung für ein
wissenschaftliches Werk setzen."

gelungen? Auf diese Frage heute schon eine entscheidende Antwort geben zu
wollen, würde in den Augen der Urtheilsfähigen mit Recht als voreilige
Anmaßung erscheinen. Wenn gegen Einzelnheiten in der Ausführung eine
Menge von Einwendungen von Seiten der philologischen und theologischen
Fachmänner erhoben werden, so dürfte dadurch das schließliche Urtheil
über Gelingen oder Mißlingen sich, wie sich von selbst versteht, nicht be=
irren lassen. Auch den Umstand, daß das Werk noch unvollendet*)
ist, sehen wir nicht als das einzige oder wichtigste Hinderniß eines spruch-
reifen Urtheils an; vielmehr liegt das Entscheidende darin, daß die Trag-
weite des ganzen Unternehmens weit hinausreicht über die ersten Eindrücke
der Männer der Schule und über die zum voraus fertigen Stichworte der
kirchlichen Parteien. Es ist hier ein Anlauf genommen, um für die Lösung
einer der dringendsten und schwersten Zeitfragen eine bessere Grundlage zu
gewinnen, durch ein wahres Verständniß der Bibel, das der geschicht=
lichen (wissenschaftlichen) Bildung und dem ernsteren religiösen
Bewußtsein unseres Jahrhunderts mit gleicher Entschiedenheit und Auf=
richtigkeit gerecht werden möchte. Denn seit der Mitte des vorigen Jahr=
hunderts handelt es sich in dem großartigen Ringen unserer besten und
tiefsten Geister ganz vorzüglich um diese letzte und größte Frage der Neu=
zeit: ob die furchtbar vergrößerte Kluft zwischen religiösem und ge-
schichlichem Sinn, zwischen kirchlichem und wissenschaftlichem
Gewissen sich überbrücken lasse, oder ob, wer des Einen wahrhaft sich er=
freue, auf das Andere unwiderruflich verzichten müsse.

Die religiöse Verwirrung und Zerrüttung der Gegenwart hat ihren
Grund hauptsächlich darin, daß von den Zeitgenossen die Einen jene Kluft
gar nicht bemerken, die Anderen sie künstlich (oft heuchlerisch), oft
gewaltsam verdecken, die Dritten endlich sie geflissentlich (oft ebenso
heuchlerisch und ebenso gewaltsam) erweitern. Alle diese Zeitrichtungen
erscheinen, unter theologischen Parteinamen, wieder, wo es sich um die
Auslegung der Bibel handelt, für die Schule wie für die Gemeinde, auf
Katheder, Kanzel und in der Literatur. Allen drei Richtungen, die seit
einigen Decennien am lautesten das große Wort zu führen suchten, stellen

*) Eben kommt der neueste Band des Bibelwerks in meine Hände (II, 2), worin die
Verlagsbandlung anzeigt: „Bunsen's Bibelwerk wird trotz des Todes des Verfassers
keine Unterbrechung erleiden, sondern seinem letzten Willen gemäß mit Benutzung der
von ihm hinterlassenen druckfertigen Manuscripte, sowie der von ihm seit langen
Jahren gemachten Vorarbeiten in seinem Geiste fortgesetzt und vollendet werden."

sich nun jene entgegen, welche festhalten an der sittlichen Verpflichtung, beide unzerstörbare Bedürfnisse der Menschheit, das religiöse und das erkennende (historische), zu befriedigen und zu versöhnen, weil ihnen beide als göttlich berechtigt gelten. — In diesem Sinne muß auch die Bibel, das wichtigste, tiefsinnigste und fruchtbarste Buch der Welt, dem Bewußtsein der Neuzeit wieder aufgeschlossen und für das Gewissen der Menschheit wieder fruchtbar gemacht werden, wie seiner Zeit der Geist der Reformation, sodann der symbolische Confessionalismus, hierauf der Pietismus und endlich der Rationalismus, jeder in seiner Weise, sich an diese Aufgabe wagten. Sie Alle, darüber müssen die Aufrichtigen und Einsichtigen übereinstimmen, haben die Aufgabe in ihrer Größe und Ganzheit noch nicht gelöst, weder für ihre und noch weniger für unsere Zeit, so groß auch ihre bleibenden Verdienste sein mögen. — Gelöst werden muß aber die Aufgabe; davon hängt die Gesundheit unseres religiösen und sittlichen Lebens ab. — Diese Wahrheit hat Bunsen erkannt; sein Bibelwerk wird schon darum eine bedeutende Stelle in unserem geistigen Leben einnehmen, weil es mit gleicher Entschiedenheit für die beiden Grundsätze einsteht: daß die Lösung jener Aufgabe möglich und daß sie für die Gemeinde unentbehrlich sei. Vielleicht geht das Jahrhundert zu Ende, ehe das Ziel, das ihm vorschwebte, erreicht ist; wer aber diesem Ziele den Rücken wendet, der möge zusehen, welchem Gericht er verfällt.

Von Bunsen's Bestreben gilt darum auch auf diesem Gebiete das Wort eines feinsinnigen Kenners seines eigenthümlichen Werthes: „An Frische der Anregung in großen Dingen ersetzt ihn Niemand."

Noch einmal, zum letzten Male, sah er (im September 1857) seinen König in Berlin. Friedrich Wilhelm lud ihn vor der Zusammenkunft der evangelischen Allianz zu sich und beherbergte ihn bei sich im Schlosse als seinen Gast. Nach so manchen Wandelungen ihrer Geschicke reichten sich beide Männer noch einmal die Hände, an den Festtagen einer christlichen Verbrüderung, in deren Mitte fast alle protestantischen Nationen und Gemeinschaften vertreten waren. Dreißig Jahre waren nun verflossen (1827 bis 1857), seit beide Freunde sich zuerst in Berlin gefunden; jetzt hatte wohl Keiner von ihnen eine Ahnung, wie nahe sie beide ihrem Grabe standen. Nur wenige Wochen später (8. October 1857) war des Königs vielbewegtes Leben geknickt und blieb drei Jahre lang erdrückt unter den Folgen

eines zerstörenden Krankheitsanfalles. Als die öffentlichen Blätter verkün=
digten, daß Bunsen die Augen geschlossen, drang wohl keine Kunde mehr
davon zu dem umschleierten Geiste seines schwer geprüften königlichen
Freundes *).

Ehe wir nun mit einem Worte über die letzten Tage und Stunden
Bunsen's unsere Darstellung schließen, halten wir noch einen Augenblick
still, um über die Bedeutung des Hingeschiedenen in einem Rück=
blick auf das Ganze seines Lebens und Wirkens uns Rechenschaft zu geben.

Bei dem Reichthum des uns zu Gebote stehenden Stoffes und bei
der Vielseitigkeit des darzustellenden Lebensbildes mußten wir leider für
unsere Schilderung diesmal sehr enge Grenzen ziehen. Seine staatsmännische
und schriftstellerische Wirksamkeit konnte nur in Umrissen und fast nur an=
deutungsweise gewürdigt werden. Versagen mußten wir uns diesmal
ein tieferes Eingehen auf seine römische und seine russische Katastrophe,
sowie auf seinen Antheil an den deutschen Schicksaljahren von 1848 und
1849; versagen mußten wir uns eine erschöpfende, einläßliche Wür=
digung der Stellung, die er zu der Krise des Protestantismus in unserer
Zeit einnimmt.

Hörten wir nur auf seine Feinde — und wie viele Gegner mußte ein Mann
seines Gepräges sich machen! — so wäre ein einziges Verwerfungs=
urtheil über seine politische, religiöse und wissenschaftliche Wirksamkeit zu
fällen. Die Einsichtigen unter seinen Freunden übersahen die
Schattenseiten seines Wesens nicht, wie sie auch freudig die außerordent=
liche Ausstattung seines Geistes bewunderten oder bereitwillig
und dankbar sich vom Zauber seiner hinreißenden Persönlichkeit erwärmen
ließen. Man hat oft gefragt, ob er bei strengerer Begrenzung seiner un=
gewöhnlich reichen Kräfte und seiner unversieglich fortquellenden Entwürfe
nicht vielleicht noch Größeres und Bleibenderes geleistet hätte **). — Man

---

*) Eben als ich, am Abend des 3. Januar, meinen Vortrag geschlossen hatte, er=
fuhr ich erst die Todeskunde Friedrich Wilhelm's IV.!!
**) Ein jüngerer Gelehrter schrieb mir in Beziehung hierauf: „Jetzt wird seine
„Bedeutung stärker hervortreten. Es war ein Mißgeschick, daß seine literarische Haupt=
„thätigkeit (für's größere Publicum wenigstens) in eine Strömung fiel, die sich aus
„dem Idealismus in festen Realismus hineingerettet, um mit den soliden Waffen
„desselben dem luftigen und doch gefährlichen Materialismus in Kirche, Staat, Gesell=
„schaft, Wissenschaft entgegentreten zu können — er selbst ein Kind jener erhabenen,
„mächtigen idealen Strömung, die tief gründet und darum hoch einherfahren durfte.
„Das wahrhaft Großartige in seinen Umblicken und Intentionen wird jetzt eine schönere
„Geltung erfahren." . . .

hat das Plötzliche und anscheinend Unvermittelte in den Uebergängen von einer Phase seines Auftretens zur andern beklagt, weil die tiefere Einheit seines Wesens in den Augen derer, die ihm ferner standen, darunter leiden mußte. — Aber weder diese noch viele andere Bedenken und Ausstellungen werden je vermögen, uns an seinem wahren Werthe irre zu machen; nie werden sie die tiefe Wahrheit des Wortes umstoßen, das ein ihm nahe stehender Staatsmann noch kurz vor Bunsen's Tode über ihn aussprach: „Sein Hinscheiden wird eine große Lücke zurücklassen. An Frische „der Anregung in großen Dingen ersetzt ihn Niemand. Seine „Bestimmung war, diese Anregung in unser officiell wissen= „schaftliches Leben überzuleiten und Organe zu finden, die „ihm darin als praktische Ausführer dienen und die fürch- „terliche geistige Stockung in Fluß bringen konnten, die auf „uns drückt."

Wahrer und gerechter als mit diesen Worten könnte Bunsen nicht gewürdigt werden; sie wären es werth, auf sein Grab geschrieben zu werden. In diesem Lichte — wenn ich das hier aussprechen darf — ist er auch mir in allen Wechseln seiner Laufbahn und seiner inneren Entwickelung erschienen während der zwanzig Jahre, in denen es mir vergönnt war, oft und für längere Zeit ihm näher zu treten*).

Wie es oben schon ausgesprochen worden, hat die Raschheit seiner Entwickelungsphasen die tiefere Einheit seines geistigen Wesens Vielen verdunkelt, so daß er — wie jeder seine Zeit wahrhaft bewegende Geist — durch allerlei gute und böse Gerüchte gehen mußte.

Nun wohlan, jene verborgene Einheit seiner tieferen Natur trat auf's herrlichste hervor in der großen letzten Feuerprobe, wo es oft zu Tage kommt, ob unser inneres Leben nur ein „gemalter Glaube" gewesen (um Luther's schlagenden Ausdruck zu gebrauchen), oder ob die Kraft eines höheren Sinnes auf unerschütterlichem Grunde in uns wurzele.

Schon seit einigen Jahren hatten sich bei Bunsen Symptome eines körperlichen Leidens gezeigt, die den Seinigen Besorgniß einflößten. Die

---

*) Es ist ein bezeichnender Zug seines Charakters und spricht — bei aller Welt-klugheit, die ihm natürlich auch zu Gebote stand — für die großartige Offen-heit seiner Natur, daß er mir zu wiederholten Malen (1840, 1852, 1854, 1855 u. s. w.) seinen Briefwechsel, seine Tagebücher und die wichtigsten Papiere mir zur ausdrücklichen Ermächtigung vorlegte, mir Alles zu notiren, was mir wichtig scheine zu seiner künftigen Beurtheilung und zur Würdigung der Zeitverhältnisse, in denen er gewirkt. Nur edle und großartige Menschen sind eines solchen Vertrauens fähig.

Aerzte gaben ihm daher den Rath, die kältere Jahreszeit in einem südlichen Klima zuzubringen. Dies geschah denn auch in den zwei letzten Wintern seines Lebens, die er unter dem milden Himmel von Cannes in der Provence, am Ufer des Mittelländischen Meeres, verlebte (von 1858 auf 1859 und von 1859 auf 1860).

Dort in Cannes sah er die Anfänge des italienischen Krieges und die Umgestaltung Italiens. Beim Anblicke der nationalen Erhebung Nord-Italiens, in der begeisterten Freude über die sich ankündigende Wiedergeburt eines ihm theuern Volkes, vergaß er einen Augenblick die staatsmännischen Bedenken, die er sonst gegen Frankreichs Einmischung und gegen Napoleon's Pläne gehegt hatte*). Die schönen Hoffnungen seines edeln Herzens geboten den Berechnungen des politischen Verstandes vorläufig Stillschweigen; mit froher Zuversicht hielt er sich an die ideale Seite der Erhebung Italiens, an den Befreiungskampf einer hochbegabten Nation, die durch engherzige Dynastien und eine entnervende Priesterherrschaft seit Jahrhunderten in schmähliche Fesseln geschlagen worden. Die Erfahrungen

---

*) Wenige Tage nach dem zweiten December 1851 schrieb er (20. December) die merkwürdigen Worte: „Das Drama muß mindestens drei Acte haben. Der erste wird wahrscheinlich in der Geschichte „das Auskehren" (le balayement) oder die Razzia heißen. Der letzte mag dann sein „die Restauration oder die parlamentarische Monarchie" mit einem von den Provinzialräthen gewählten Senat als erster Kammer. Sind diese zwei Acte den beiden entgegengesetzten Küsten im Exodus zu vergleichen (Aegypten und Arabien), so sieht das, was dazwischen liegt, fast so aus wie das „Rothe Meer"; denn mir ist, ich sehe eine blutige Farbe. Meines Bedünkens ist diese Krise unendlich wichtiger als die von 1848 und nur derjenigen von 1808 nachstehend. Das Kaiserreich als System ist wichtiger als das Kaiserreich in einer bestimmten Persönlichkeit; der Mann ist sterblich, das System bleibt. . . . Der Schlüssel des Systems ist die Bankrotterklärung der constitutionellen Regierung, die Gründung eines imperatorischen, also prätorianischen Regiments mit einem Scheinbilde republikanischer Formen. . . . Wenn dies System sich festsetzen kann, so wird es alle Elemente deutscher Freiheit zu Grunde richten, die auf Gemeindefreiheit und Selbstregierung gegründet ist. . . . In diesem Falle wäre Romieu mit seiner „Aera der Cäsaren" der Prophet dieses Zeitalters. Und in der That, die Jesuitenpartei glaubt es. Ich aber glaub' es nicht." . . . Und einige Monate später schrieb er (15. April 1852): „A. und D. sehen in einer wahrscheinlich nicht fernen Zukunft Europa und die ganze Welt in zwei feindliche Lager getheilt: das eine katholisch, in Form von Militärdespotismus, mit der einen Hand sich auf den Jesuitismus stützend, mit der andern auf demokratische Gleichmachung, also auf Socialismus, also revolutionär und despotisch; auf der andern Seite das protestantische Europa, die constitutionelle Monarchie mit einer nationalen Aristokratie und einer gesicherten Volksfreiheit, mit geschichtlichem Fortschritt als Princip." — „Man sieht im Präsidenten ein Princip: Demokratie bis zum allgemeinen Stimmrecht und Nivellirung, Katholicismus und Jesuitismus als Hebel. Das Ziel: Zerstörung Deutschlands, Verschlingung Belgiens und Obmacht in Italien. . . . L. D. glaubt, daß des Präsidenten Pläne jetzt nicht gegen Belgien gehen, sondern gegen Italien (Savoyen)." —

seines Lebens lehrten ihn so fühlen; schon vor zwanzig Jahren (1838) hatte er Rom mit dem Scheidegruß verlassen:

„Leb' wohl! und mögen deine ew'gen Pforten
„Sie fallen seh'n, die sich im Lammeskleide
„Gesetzt auf deinen Thron, den Geist zu morden!
„Die Gottes Land gemacht zu öder Heide!
„Die Aufruhrs und Unglaubens Mutter worden!
· „Die Schuld an meines Volkes Blut und Leide!" *)

Wer so als deutscher Protestant empfindet, der sieht die italienische Geschichte mit andern Augen an als die ultramontan geschulten Bischöfe Frankreichs und Deutschlands.

Der Aufenthalt im Süden hatte im ersten Winter dem Leidenden die erfreulichste Erleichterung gebracht; im darauf folgenden Jahre war die Wirkung nicht mehr dieselbe; das Uebel hatte inzwischen zu große Fort=schritte gemacht. Nach seiner Rückkehr im Frühjahr 1860 blieben ihm nur noch wenige Monate, um sich des neu erworbenen Hauses in Bonn, wohin er von Heidelberg übersiedelte, und des Umganges mit den Seinigen und den Freunden zu erfreuen. Schon in der Mitte Octobers überzeugte sich der Arzt, daß die Krankheit rascher und heftiger zum Tode hindränge, als von vorn herein zu erwarten stand **).

Es war dem Leidenden vergönnt worden, in ununterbrochener Folge seine Kinder um sich zu versammeln. Von seinen zehn Kindern sind drei Söhne und drei Töchter während seiner letzten Wochen immer in seinem Hause gewesen.

Auf den Wunsch des Kranken besuchte ihn am 23. October der Su=perintendent Wiesmann, den Tag vor dessen Abreise nach Coblenz. Ueber diesen Besuch liegt uns ein Brief des genannten Geistlichen vor (vom 28. October), woraus wir eine Skizze der Unterredung beider Männer mit=theilen ***). „Der Kranke hatte in seinem Sessel Platz genommen und be=gann nach der ersten kurzen Begrüßung in klarem, festem, nur durch die große Schwachheit gedämpftem Vortrage die Unterredung mit einem Be=kenntnisse des Inhaltes, daß er die unendliche Gnade Gottes in der Er-

---

*) Die Sonette sind abgedruckt in meinen „Briefen aus Südfrankreich und Italien", 1852, Zürich, S. 266 und 267.
**) Von hier an folge ich getreu den Aufzeichnungen, die mir von den Seinigen anvertraut wurden.
***) Superintendent Wiesmann bedauert in seinem Briefe, daß er das Gespräch „nur dürftig skizziren könne, da sich in den letzten Tagen so Vieles zusam=mendrängte, was das innerste Leben bewegte." — Obige Mittheilung ist erst fünf Tage nach der Unterredung aus dem Gedächtnisse niedergeschrieben und macht also auf wörtliche Genauigkeit keinen Anspruch.

scheinung seines eingebornen Sohnes pries; er gründe sein Heil, im Bewußtsein seiner Schuld, allein auf die freie Gnade in Christo und nicht im
entferntesten auf eigenes Verdienst. Ich bezeugte ihm meine Freude darüber, daß, wie er von Jugend an auf diesem Grunde gestanden, er auch
jetzt auf demselben stehe, bemerkte sodann, daß ich ihm in dieser Beziehung
nichts ihm Unbekanntes sagen könne, aber nur darauf hinweisen wolle, daß
es im Leben und Sterben doch lediglich auf die persönliche Genossenschaft
mit dem Herrn ankomme, da uns nur diese den rechten Frieden versiegle.
Bunsen erwiderte, daß man wohl thue, allerlei Brücken zu schlagen zu
diesem Ziele, daß er aber erkannt habe, man müsse alle diese Brücken ab-
brechen und die Vermittelung daran geben und sich einzig auf den ein-
fachen Glauben an den Herrn zurückziehen. Ich wies nun auf einige Haupt-
stücke dieses Glaubens hin und sprach hierauf den Vers: „Ich habe nun
den Grund gefunden" u. s. w., ging sodann auf sein schweres Leiden über,
erinnerte an einige apostolische Aussprüche: „Trübsal wirket Geduld" —
„Alle Züchtigung, wenn sie da ist" u. s. w., und zuletzt an das Wort: „Ich
vermag Alles durch Den, der mich mächtig macht, Christum."
Diesen Ausspruch griff Bunsen mit besonderer Lebhaftigkeit auf und bezeugte mit großer Innigkeit, wie er **dies täglich erfahren und
auch ferner zu erfahren hoffe.** . . . Ein Hustenanfall setzte dann
der Unterredung ein Ziel" *).

---

*) Superintendent Wiesmann schließt seinen Bericht mit den Worten: „Die
ganze Unterredung hat einen wohlthuenden, lieblichen Eindruck auf mich gemacht und
mir die Ueberzeugung gewährt, daß Ihr Vater in dem Glauben stehe, der im Leben
und Sterben Gewißheit des Heils gewährt." —
Hier mag der passendste Ort sein, um eines Blattes zu erwähnen, das sich unter
den hinterlassenen Papieren des Verstorbenen fand. Es enthält eine Ansprache für
eine häusliche Sonntagsandacht (1856) über 1 Johann. Wir hören Bunsen hier
im Kreise seiner Familie seine intimste Gesinnung aussprechen und erkennen ganz
denselben Grundton wie in seinen Schriften und wie in seinen letzten Tagen: „O Gott,
„himmlischer Vater, der Du uns nach langer Trennung und nach schweren Erlebnissen
„wieder vereinigt und in dieser Stunde hier versammelt hast, Dein heiliges Wort zu
„betrachten, gieb uns Deinen Geist, den Geist Jesu, der mitten unter uns sein will,
„wenn zwei oder drei in seinem Namen versammelt sind. Amen." — „Ja, Herr,
„wir haben geschauet das Wort des Lebens, das einst erschien als Mensch und Men-
„schensohn auf dieser Erde. Nicht mit Händen haben wir es betastet, aber mit des
„Geistes Augen schauen wir es in der Betrachtung Deines Wortes. Wir schauen es
„in der Geschichte der Welt seit der Erscheinung des ewigen Wortes in demüthiger
„Knechtsgestalt. Wir schauen es in den Gerichten, die über diese Welt gegangen sind,
„von der Zerstörung Jerusalem's und des übermüthigen Rom's bis auf diese unsere
„Tage. Aber vor Allem sollen wir es schauen in unserem eigenen Herzen, in der
„Erkenntniß unserer Nichtigkeit als von uns selbst und in der Erkenntniß der ewigen
„Vereinigung mit Dir, der ewigen Liebe. Dazu gieb uns Deinen Geist, daß er uns

Obigen Bericht des Geistlichen ergänzen wir aus den Aufzeichnungen der Wittwe über diese Unterredung:

„Ich habe in allen Leiden in der erlösenden Gnade Gottes in Christo allein Trost gefunden. — „Die Wahrheit dessen, was der Glaube meines Lebens war, habe ich in der Krankheit inniger und immer tiefer gefühlt. — „Gottes Liebe und unsere Erlösung in Christo werden mir immer klarer. Für diesen Glauben, den Glauben meines Lebens, finde ich Belege im Neuen Testament (hauptsächlich in den eigenen Worten Jesu), in mehreren Psalmen des Alten Testaments und in den Liedern der deutsch-evangelischen Kirche, welche mir immer theurer und schätzbarer geworden sind. Ein paar Belege für diesen christlichen Glauben habe ich gemeint selbst gefunden zu haben; vielleicht lege ich zu viel Gewicht auf dieselben.“

Während der nächstfolgenden Tage verhinderte die stetig zunehmende Krankheit den Leidenden an eingehenden Aeußerungen über höhere Dinge. Am Sonntag Mittag (28. October) begann, mitten in der allerhöchsten Krise seines Herzleidens, die lallende Zunge, unter vielen Unterbrechungen Worte der unbegrenzten Liebe zur Frau und zu den Kindern und mit Vorliebe besonders Worte religiösen Bekenntnisses hervorzubringen:

„Ewige Liebe, das ist das Aelteste, wollendes Lieben, liebendes Wollen!

„Ach, daß ich mich nicht aussprechen kann! Aber Gott wird's schenken!“

In der darauf folgenden Nacht (vom 28. zum 29. October) war ein stetes Abwechseln fürchterlicher Beklemmung und vollständiger Athemstockung. Erst gegen zwei Uhr des Morgens vermochte er die Stimme zu erheben und ließ sich vom Sessel auf sein Lager führen, um, wie er meinte, zu sterben.

„Dem ewigen Gott, dem Allmächtigen, Allgütigen, befehle ich meine unsterbliche Seele. Er segne Euch Alle und alle Freunde. — Wohl dem theueren Vaterlande! — Das Evangelium Herr der ganzen Welt! — —

„Es ist süß, zu sterben!“

Dann wiederholte er:

„leite, nicht zu selbstgewählten Werken, sondern zur Beweisung unseres Glaubens, ein „Jeglicher in seinem Berufe, nach dem Wege, den Du Jedem angewiesen; nicht in Eifer, „sondern in Liebe zu den Brüdern als Deine Kinder, und im Gedächtniß an Ihn, „der sein Leben hingab für seine Brüder zur Förderung Deines Reiches. Dein Reich „komme“ u. s. w.

„Es ist süß, zu sterben! Denn, bei allen Mängeln und Schwächen, gelebt, gewollt, gestrebt habe ich nur für das Edle allein. Das Schönste aber war, Jesum Christum gekannt zu haben.

„Ich scheide aus dieser Welt ohne Haß gegen irgend Jemand — kein Haß! [mit innerster Erregung] »Das ist bös= artig.

„Das ist ein wunderbarer Rückblick von oben auf dieses Leben und diese Welt. Jetzt erst erkennt man, was für ein dunkles Da= sein wir hier geführt haben. Auf! auf! Empor! empor! Nicht dunkler, nein, heller, immer heller!

„Ich lebe im Reiche Gottes. Es war doch nur ein Ahnen hier unten. Wie lieblich sind Deine Wohnungen, Herr Zebaoth!"

Noch folgten viele Worte der Zärtlichkeit, dann ward ihm ein un= getrübter Schlaf zu Theil. Während der nächsten Nacht (vom 29. zum 30. October) beschäftigten ihn besonders die Begriffe des Ewigen. Er wiederholte solche Worte oftmals. Plötzlich:

„Christus recognoscitur victor.

Christus est, est."

„Ja, das glaube ich, daß Christus ist und daß Christus siegt. Beides ist gleich."

Am 30. October:

„Gott ist die Liebe. Vergessen wir Christi nie! — Nehmt Christus vom Kreuze!"

Nach vielfachen Ermahnungen zum Wachen, und daß das Leben immer reger werde, sprach er: „Und nun schließet mir die Augen zur ewigen Ruh'." Doch die „ewige" Ruhe war ihm noch nicht beschieden: der Schlummer eines Kindes umfing ihn, die Athemzüge waren regelmäßig und gleich — eine Selbsthülfe seiner kräftigen Natur hatte dem angesam= melten Wasser durch die Füße einen Ausweg geschafft. Ohne Wiederkehr des Brustwassers sollte er von jetzt an noch vier Wochen auf Erden fortleben.

Die ersten Tage nach dieser Krise wurden im Erstaunen über diesen unerwarteten Wechsel hingebracht. Alles, was er vorher nur in Stoß= seufzern gesprochen, wiederholte er nun, obwohl bei größter körperlicher Schwäche, in allerlei Wendungen. So z. B. äußerte er am 31. October gegen die Gattin in englischer Sprache:

— „Wir sind nur, insofern wir in Gott sind; wir sind Alle Sün= der, aber in Gott sind wir und werden in Ewigkeit sein. Wir haben zum Theil schon in der Ewigkeit gelebt, insofern wir in Gott gelebt haben. — —

„Wir werden uns vor dem Angesichte Gottes wieder=sehen, davon bin ich überzeugt.

„Christus ist der Sohn Gottes, und wir sind nur dann seine Söhne, wenn der Geist der Liebe, der in ihm war, auch in uns ist. — — —

„Meine Kraft schwindet, aber ich wünsche einige Worte zu sagen. — Ich muß sterben und möchte jetzt, in diesem Augenblicke, sterben. — Ich befehle mich dem Andenken aller guten Menschen und wünsche, daß sie meiner mit Wohlwollen gedenken. Ich biete meinen Segen, den Segen eines alten Mannes, Allen, die ihn zu haben wünschen. Ich sterbe in Frieden mit allen Menschen und wünsche, daß, wenn man an mich überhaupt denkt, man meiner als eines Solchen gedenke, der das Wohl Aller erstrebte und wünschte. — —

„Die, welche Christum leben, die in der Liebe leben — das Leben Christi — diese sind die Seinigen. Diejenigen, welche nicht das Leben Christi leben, sind nicht sein, wie sie auch heißen mögen — zu welcher Confession sie sich auch bekennen mögen. Einer Kirche, einer Confession angehören, das ist nichts." — —

Eines Morgens früh sandte er nach Pastor Wolters und erbat sich, daß er komme, ihm das heil. Abendmahl zu reichen. „Es schmerze ihn so tief", äußerte er, „daß er seit seiner Ankunft in Bonn sich an dem Leben in der Gemeinde gar nicht habe betheiligen können."

Von diesem Tage (Dienstag) bis Sonntag Abend (6. bis 11. No=vember) war sein Zustand, wenn auch äußerst schwach, doch der eines Ge=nesenden. Seine ganze geistige Thätigkeit belebte sich von Neuem; er konnte Anordnungen treffen über literarische Obliegenheiten, er dictirte sogar noch einzelne Sätze zu einem unvollendeten Abschnitte.

Spät am Abende des Sonntags (11. November) erfaßte den Kranken ein heftiger Frost, und von da an bis zum 28. haben seine Kräfte fort=während abgenommen. Die früheren Leiden waren geschwunden, dagegen hatte er durch Entzündungen im Inneren des Mundes und des Halses und weit hinunter viele Qual. Speise zu sich zu nehmen, ward ihm immer schwerer, zuletzt unmöglich; aus seinem hohlen, abgezehrten Munde kamen selten vernehmliche Worte. Diese wenigen Worte aber bekundeten eine bei Kranken äußerst seltene Klarheit hinsichtlich seines Zustandes. Oftmals waren es Worte der Liebe, welche das allezeit schwächere Auge und mühsam auch die lächelnden Lippen begleiteten. Noch am 26. November sagte er zu einem Sohne nach einem Kusse:

„Wo der Mensch nichts mehr vermag, da vermag Gott Alles." —

Am vorletzten Tage seines Lebens (27. November), nachdem er einem der unzähligen Versuche, ihm Nahrung zu reichen, willig, aber erfolglos nachgegeben, lallte er die Worte:

„Der liebe Herr und Gott will nicht, daß ich Speise oder Trank nehme. Wir wollen es lassen."

Kaum, daß es seitdem gelang, ihm die Lippen sacht anzufeuchten*). Nach langem, jammervollem Röcheln (in der Nacht vom 27. auf den 28. November) ward ihm gegen vier Uhr Morgens Ruhe zu Theil. Aus dieser ist er dann sanft und ohne Schmerz bald nach fünf Uhr hinübergegangen, recht eigentlich im Arme seiner Gefährtin, welche auf sein etwas lauteres Husten an sein Lager herangetreten war, und auf deren Schulter sein Haupt unmerklich sich senkte.

Es waren eben sieben Jahre verflossen, seit er, damals noch in rüstigster Arbeitskraft, seinem unvergeßlichen Freunde Thomas Arnold die liebenden Worte nachgerufen, die wir heute nun auf ihn selber anwenden:

„Du hast mit uns gekämpfet des Glaubens heil'gen Kampf,
Für Alle tief empfunden der bittern Leiden Krampf.
Du sahst der Menschheit nahen Gericht und blut'gen Streit,
Klar stand vor Deinem Auge der Jammer dieser Zeit.

„Da traf Dich jenes Sehnen, das stillt der Erde Schmerz,
Es löste sich in Liebe das milde Streiterherz.
Begrüßtest, Held, als Boten, gesandt von Vaterhand,
Den Engel, der Dich führte in's ew'ge Heimathland.

„Verstummt ist nun am Grabe des Zorns und Hasses Wuth,
Ein Leuchtthurm ragst Du strahlend aus näcth'ger Sturmesfluth;
Es sprosset heil'ger Samen in mancher jungen Brust,
Ein Volk voll edlen Stolzes blickt auf zu Dir mit Lust.

„Du selbst bist weggerücket aus der Verwirrung Noth,
Das schwerste Seelenleiden hat Dir erspart der Tod.
Es liegt vor Dir enthüllet das Räthsel dieser Welt,
Schaust nun, was Du geglaubet, von Gottes Licht erhellt"**).

---

*) „Es ist uns" — so schrieb eine seiner Töchter bald nach seinem Hinscheiden — „als müßte Einem das Herz brechen bei der Erinnerung an alle die furchtbaren Leiden, „durch die es dem Herrn gefiel ihn zu läutern und zu vollenden und sein lebensfrohes, „jugendliches Gemüth lebensmüde und matt zu machen, so daß er sich nach dem Tode „sehnte."

**) „Hippolytus und seine Zeit", Band II, 1853, S. XXVI.

Am Nachmittag des ersten December bewegte sich ein langer Trauer=
zug vom Bunsen'schen Hause am Vierecksplatze durch die Straßen Bonn's
nach dem Friedhofe*). Den blumengeschmückten Sarg trugen die Söhne
und der Schwiegersohn des Verewigten, abwechselnd mit den Studirenden
des philologischen Seminars. Dem Sarge voran ließ die Militärmusik den
Sterbechoral „Jesus, meine Zuversicht" ertönen, und auf dem Friedhofe
sangen Kinderstimmen die Choräle, die der Entschlafene besonders geliebt.
Die Wittwe, zwei Töchter, zwei Schwiegertöchter, drei Söhne umstanden
das Grab, an der entgegengesetzten Seite, wo Niebuhr ruht. Von aus=
wärts wohnenden Freunden war unter Anderen der preußische Bundestags=
Gesandte, Freiherr von Usedom, aus Frankfurt herübergekommen, der einst
im Beginn seiner staatsmännischen Laufbahn zu Rom an Bunsen's Seite
gewirkt hatte. Viele Lehrer der Universität**) und ein großer Theil der
akademischen Jugend hatte sich an der ernsten Feier betheiligt. Als der
Geistliche seine Trauerrede geendet hatte, senkte sich die Sonne an einem
wolkenlosen Himmel mit purpurnem Glanze und verschwand mit dem
Sarge. —

Wenn die deutsche Jugend auf dem stillen Friedhofe der rheinischen
Musenstadt die Gräber Arndt's und Dahlmann's, Niebuhr's und Bun=
sen's aufsucht, so möge sie dort, im Rückblick auf das Leben dieser Männer,
Entschlüsse fassen, würdig des Andenkens jener Entschlafenen! Sie möge
an jenen Gräbern lernen, wie höher schlagende Herzen im Leben kämpfen
und was sie im Sterben hoffen!

Bunsen's Lebensende, sein Abschied von der Welt, erinnert unwill=
kürlich an Schleiermacher's Sterbebett; beide Männer gingen in Folge ihrer
inneren Entwickelung und durch die Vereinigung des weitesten geistigen

---

*) Ich benutze hier außer einer Anzeige der Bonner Zeitung noch freundschaft-
liche Privatmittheilungen.
**) Von einem derselben, einem jüngeren Freunde Bunsen's, rührt wahrscheinlich
ein Artikel der Bonner Zeitung her, worin es u. A. heißt: „So ist denn wieder
„einer der Edelsten unseres Volkes dahingegangen. ... Es ist zweifelhaft, ob Bunsen
„größer war durch die Gaben des Geistes oder des Gemüthes; aber gewiß ist, daß er
„in beiden zu den seltensten Menschen gehörte. ... Diese Vereinigung von Seelen-
„adel und Geistesgröße erhob ihn in eine ideale Sphäre, aus welcher er die mensch-
„lichen Dinge zu beobachten, aber auch an seinem Theile zu gestalten wußte. ...
„Wer weiß nicht, was er für unser Vaterland in der Fremde gethan, was er für die
„Wissenschaft durch eigene Schriften oder durch Anregung Anderer zu Stande brachte,
„wie er große Unternehmungen durch Rath und That förderte ... wie er sich endlich
„zum Vorkämpfer der großen, Leben gebenden Ideen des Christenthums gemacht hat?
„Mit Stolz darf daher unsere Nation auf ihn zurückblicken."

Gesichtskreises mit dem innigsten Glaubensleben einen Weg, auf welchem es an Irrungen und Verkennungen durch Freund und Feind nicht fehlen konnte. Aber von ihrem Sterbebette geht eine Kraft des Lebens aus*); Worte wie aus einer höheren Welt tönen von dort zu uns herüber, und Tausende werden sich noch daran erquicken und erheben, wenn längst die Asche beider verweht ist. In einer Zeit, die die schwersten sittlichen und religiösen Krisen in ihrem Schooße trägt, ist es ein unschätzbarer Gewinn, am Sterbelager solcher Männer zu lernen, daß man den tiefsten und schwersten Fragen des Jahrhunderts mit kühnstem Wahrheitsmuthe einer freien Seele in's Auge schauen und doch mit der heiligen Zuversicht eines unerschütterlichen Gottvertrauens und einer innigen Christusliebe in die erhabene Stille der unsichtbaren Welt hinübergehen kann.

––––––––

Als Bunsen zu seiner irdischen Ruhestätte getragen wurde, kämpfte in der Nähe, zu Düsseldorf, sein Freund, auch einer der begabtesten preußischen Staatsmänner, Heinrich von Arnim, schon den Todeskampf, aus welchem er erst fünf Wochen später (5. Januar 1861) erlöst wurde.

Auch für den hohen Freund der beiden Staatsmänner, für Friedrich Wilhelm IV., schlug endlich in der zweiten Nacht des neuen Jahres die ersehnte Stunde der Befreiung aus immer schwerer lastenden Körperbanden.

Einst, am 15. October 1855, hatte Bunsen als Widmung eines Buches an seinen König die Ueberschrift gewählt: „Zum Geburtstage und zum ewigen Frieden!"

Der Geburtstag eines ewigen Friedens war nun für sie beide gekommen.

––––––––

*) Es würde auf einem völligen Mißverständnisse beruhen, wenn man die Bekenntnisse Bunsen's auf seinem Krankenbette als Zeugnisse einer Gesinnungsänderung geltend machen wollte; sie waren im Gegentheil nur die Bestätigung dessen, was lebenslang, wenn auch in beständiger innerer Umarbeitung, der Grundton seiner Ueberzeugungen war. Daß der Ernst der Todesnähe seinen Worten eine höhere Weihe lieh, war von einem Manne seines Sinnes zu erwarten.

~~~~~~~~

Druck der Engelhard-Reyher'schen Hofbuchdruckerei in Gotha.

Inhalt.